弁護士をめざす君へ 弁護士になった君たちへ

理想の弁護士像を求めて

草刈 鋭市

とりい書房

はじめに

本書は、弁護士をめざす人のために、また、若手の弁護士のために、いかにして生きるべきか、生活していくべきかを考えた本である。

私は、40年目の弁護士であるが、正直なところ、未だにその解答は出ていない。それだけ、弁護士の生き方は難しく、なかなか模範にできる者はないということである。

成功していると思われる弁護士を写真入りで紹介する雑誌があるが、確かに著名で素晴らしく活躍された弁護士の方たちであり、自分は足元にも及ばないと思うが、しかし、自分はこの弁護士のように活動したい、この弁護士のように生きたいとは思わない。

生い立ち、境遇、運不運、才能等様々であり、比較するのは難しいが、うらやましいとも思わない。その点は不思議であるが、正直なところである。

弁護士をめざす人や若い弁護士の人たちは、無限の未来が待っているが、それをどのように形成していくのかはその人たちの自由であり、違法や違反にならない限り、それは自由であるが、自由というのはある意味では非常に難しく、常に自分で考え、自分で歩くしかないことを意味する。

現在、5大事務所という弁護士400人を超えるような巨大なローファームがあるが、その事務所に入所することを目指すのも一つの道、

町弁として地元密着の住民のニーズに応えて行くのも一つの道、

町弁というのでもないが、普通に事務所を構えて依頼者のニーズに応えていくのも一つの道、

刑事弁護一筋に警察・検察と戦い続けるのも一つの道、

政治家を目指すのも一つの道、

大企業に就職して企業内弁護士を目指すのも一つの道、

学者として大学や大学院の教員として学究生活を送るのも一つの道、

弁護士会（特に日弁連）の役員や法テラスの幹部職員など組織の幹部になるのも一つの道、等々

いろいろな弁護士がいて、それぞれが魅力的であり、どれが良いとも言えない。要は、弁護士は自由であり、その自由を十分に活用して自分の道を切り拓いていく必要がある。

本書では、私なりに40年間弁護士として歩んできたことを紹介し、少しでも後輩諸君の参考になればと、はずかしい気持ちはあるが、かなり自分のことを赤裸々に書いている。私の弁護士生活はまだ終わっていないし、否むしろ、これから弁護士としての生き方を変えていきたいと考えているのであるが、これまでの道のりを示しながら、思い切ってこれまでの弁護士人生を明らかにした。

これから司法試験を受験する方や、未だ若い弁護士の方々は、「時間はあまりない、あっという間に時代は過ぎていく」という事を肝に銘じて、自分の生き方を

考え、自分の弁護士人生をどうするのかを日々考えていただき、悔いのない生活、悔いのない人生を選択して、日々努力していただきたいと思っている。

私のこれまでの経験が、後輩諸兄にとって少しでも参考になることを祈念して、ここに筆を置かしてもらうこととする。

2023年4月

草刈　鋭市

●総目次

第6章 地方出張の魅力

第7章 弁護士会の委員会活動

弁護士をめざす君へ
若手弁護士（新司法試験世代）の体験記

インタビュー

第1章

弁護士として何をめざすか

―特に若手の弁護士の皆様に―

1. 一人前の弁護士になるにはどうすればよいか

弁護士程難しい商売はないであろう。

どういう弁護士になりたいかといって、私はA先生のようになりたい、B先生のようになりたいといえるような者がいるであろうか。

とりあえずの目標にしている弁護士、親しい弁護士で理想的な弁護士はいるであろうが、この弁護士のようになりたいといった具体的な弁護士像は見当たらないのが普通であろう。

私も、当面目標としていた弁護士はいるが、この人のようになりたいという弁護士はいない。

これは何故かと考えてみると、弁護士の成功した形はいろいろあってオールラウンドプレーヤーはいないということである。いわゆるオールラウンドプレーヤーがいないということは、それぞれの弁護士が特定の分野で第一人者になれる可能性があるということである。

どのような弁護士がよいと思うかといえば、

①金を稼いで豊かな資産家の弁護士
②県会議員、国会議員や国務大臣となる弁護士
③無罪事件を手がける弁護士
④著名事件で勝利し名声を得た弁護士
⑤大企業の取締役・監査役になる弁護士
⑥専門性を持ち多くの執筆・講演を行う弁護士
⑦学者として多くの著書を持ち大学教授でもある弁護士
⑧弁護士会の役員である弁護士
⑨いわゆる町弁として地道にやってきた仕事を行う弁護士

等様々であろう。

いろいろな弁護士がいてよいが、すべてに秀でた者はいないであろう。その意味で、弁護士は自分のめざす方向のバラエティに富んでいると言える。

司法試験の合格者は、一部を除いて、裁判官、検察官、弁護士のいずれかになるわけであるが、弁護士の最大の利点は、選択肢が広くあることであろう。先ほどの分類だと、目標によって9種類の弁護士がいることになるが、裁判官の生き方は昇進のみの差異がある位で1種類、検察官は少し幅があるが、それでも大半は昇進によって生き方の差異が出てくると見てよい。

つまり、弁護士は選択肢がいろいろあり、それぞれ評価が分かれるということである。他方、裁判官、検察官は、概ねその昇進によって評価が分かれるということである。

どちらが幸せであるかは明白であろう。

失礼な言い方かもしれないが、裁判官、検察官は一部のエリート以外は、屈折した人生を送るのに対し、弁護士の場合は、成功者か落伍者かの区別は容易ではないということである。

私が弁護士がよいと考える理由の一つはここである。

●目標を持つ

要は、弁護士になったら、どのような弁護士になりたいかの明確な目標を持つのがよいと思う。無論、その目標どおりに行くはずは無かろうが、その目標を持って活動していくのと、単に日常の業務に追われてそれに埋没して生活していくのとでは、その後は大きく差がつくのではないであろうか。

私は、偶々、就職した事務所のボスが、特定の分野で講演をして執筆をすることの多い事務所であったので、それは弁護士としては稀有のことであり、原稿や本の執筆をして形を残していこうと考えた。そのため、こと、原稿や本の執筆に関しては無論、依頼を断わったことは殆どないし、むしろ、出版社に積極的に呼びかけていった結果として、単行本でも80冊を超える本（共著を含めると１００冊くらい）を執筆できたと思う。

それぞれ、いろいろな考えがあると思うので、まずは漫然と業務を処理する生活をするのではなく、よく考えて行くべきである。

2. 金は？

収入（所得）を増やすにはどうしたらよいか。

収入は多いほどよいが、それは程度問題である。金の亡者になってはいけない。

確かに、平成15年頃からの弁護士大増員により、仕事の取り合い、ダンピング、弁護士事務所の就職難等が続き、司法修習57・8期頃からの弁護士の生活はその前の弁護士に比べて多くの収入を得るのは難しくなったことは事実であろう。

その意味では、それ以降の弁護士は、とにかく金の稼げる業務に精を出し、自己破産の申立、債務の処理、過払請求などの事件を中心として業務を行うようになり、なかには大量の自己破産申立、過払請求等の事件で一時的には何千万円の収入を得ていた弁護士がかなりいたのは事実であるが、とにかく一時的に金は得られたにしても、弁護士としてどの程度資質の向上ができたであろうか。

自己破産事件、過払請求事件は、それはそれで意味のある事件であり、決してたやすい事件ではないが、そればかりやって貴重な時間を使うのは慎重にした方がよいと思う。その他、遺言作成の業務、離婚事件、遺産分割事件等も増加しており、業務としては十分に難しい事件であるが、いずれにせよ、とりあえずお金を稼ぐためということで、少ない種類の事件のみを取り扱うやり方には賛同できない。

やはり、若いうちは、多方面の相談、事件を受けて経験と知識を身に付けるべきである。反発する方も多いかもしれないが、金を稼ぐのはそれからでよいのではなかろうか。

無論、お金を稼ぐことは、事務所を経営するには重要なことである。

環境の良い事務所を借り、優秀な事務員や優秀なイソ弁を雇って良い仕事ができる。そのためには、金がいる。しかし、いきなりそうはいかない。私も、途中からパートナーにはなったが、20年以上も同じ事務所にいて15年間位イソ弁をしていた。事務所の経営を考えなくてよいということは、その時間の全てを業務内容と勉強や研究につぎ込むことができる。

無論、遊びをするなということではないが、酒、ゴルフ、異性関係など遊びすぎてはいけない。時間は有限である。やるべきことを多く残したまま、あっという間に時は過ぎていく。

金を稼ぐ王道はない。

意図的にできることは、弁護士としての知識や経験を身に付けることと、後述する人脈を広げることくらいであろう。

3. お客は？

お金を稼ぐためには人脈を増やすことである。それでは人脈を増やすためにはどうしたらよいか。

弁護士にとって、人脈は最大の財産である。しかも、人脈は意識して増やせるものである。しかし、本来は、自然の日常的な活動から増えてくるものである。とはいっても、人脈が増えても良質な関係でない場合がある。世の中には常に弁護士を狙って、弁護士を利用しようという輩のいることは事実であり、人脈は作るにしても、その質的な見極めは当然、必要である。

人脈を増やすのは、意識して増やす場合と自然に増えていく場合があるが、望ましいのは後者である。このうち自然の日常的な活動から人脈を増やすというのは、やはり5年、10年、20年と時間がかかる。そこまでは待てないという場合もあるであろう。その場合は意識的に機会を作って、また、その会合や行事に積極的に参加していくしかないことになる。

ライオンズ倶楽部やロータリークラブに加入したり、会費を払って異業種交流会に参加して仲間を増やすという方法もあるが、なかなか付き合いも大変であり、私にはそれは向かなかったということである。そのような方法に向いている方はそれも良いと思う。

弁護士としての活動の幅を広げるのは、結局、人脈の多さ、多様さである。その幅が、ひいては収入源となるのである。収入を得ようとして意図的にある会合に出席し、異業種交流会やライオンズ倶楽部、その他の行事に参加するという方法もあるが、初めの頃は、必ずしも収入の増加にはつながらない。

それは、ギブアンドテイクの関係に立つことが多く、いろいろな関係に関わり合いを持つことになり、それを維持するためには、まめにその関係を継続していかなければならず、短期的に見れば、必ずしも金銭には直結せず、むしろ、出費ばかりが確実に増えることになるであろう。そして、その関係が嫌いだといってそれを断つと、なかなか関係は深まらないことになる。要は、長期的にみて活動を続けることが極めて重要なこととなる。


人脈は、必ずしも自分だけで作るものではなく、他から与えられる場合がある。親や祖父母が弁護士や税理士等であれば、その顧問先などは事務所に付いているので、そのまま引き継げる事が多い。

また、親が政治家や、代々、会社・事業の経営者で商売をやっているのであれば、そのお客を紹介してくれる場合が多いであろう。親が税理士・公認会計士という場合も多く、これも顧問先を紹介してくれる事が多いように思われる。

何の世界でも、実力だけではない。世襲はあり、大きなプラスとなる。不公平だが、そんなことはどの世界にも存在するのであり、弁護士はそんなことにめげてはいけない。

これは兼ね合いの問題ではあるが、自然にできてくる人脈の形成と意図的に作り出す人脈の形成があり、どちらも一方だけでは豊かな人脈は形成できないように思われる。

自然にできてくる人脈は、急激にできるものではなく、また、それ程大きな収入にはならないと思う。

しかし、逆境でもとぎれないし、また、20年、30年と長く続く。これに対して意図的に作り出す人脈は、短期間で急にできる反面、逆境がくればあっという間に離れていく。

いずれにせよ、この自然にできてくる人脈と意図的に作り出す人脈をバランスよく形成していくべきであろう。

4. 私の人脈

分かりにくいかもしれないので、私の経験談を話そう。

(1) ボート部での付き合い

私は、福岡県にある地方の高校を卒業し、1年間地方の予備校に通って、一浪の後、運良く東京大学の文科一類に入ることができた。うちの家系では、当時、東京には知っている者はおらず、殆ど付き合いのない4歳年上のいとこが1人いただけであった。そのため近親者は誰も全く東京の生活は知らず、また、頼れる者もおらず、結局、親からの仕送り月額7万円で高田馬場にボロアパートを借りて昭和48年4月に大学生活をはじめた。

当時は、高田馬場にはビッグボックスという新しい建物があり、若者の集合場所として人気を博していた。高田馬場といえば、ビッグボックスのある町というイメージであった。

私は、東大入試の合格という家族の目標を達成し、全くの世間知らずで1人で東京の地に立った。若いというのは素晴らしく、全てから解放された気分になり、意気揚々として人生がバラ色に見えた時期であるが、この時、実は、ガラにもなく東大のボート部に入った。これが今にも縁として生きている。

今考えると、私のような運動能力に恵まれない、中肉中背の者がボートの漕手に向いているはずはないのだが、大学の運動部の作成した各クラブ活動の入部案内の文章の素晴らしさに魅せられて（未だにその文章と写真は記憶にある）、分不相応にも、意気揚々としてボート部に入部した。

練習は厳しかったが、実に多くの友人を得て、楽しい日々であった。大学の教養学部（駒場）の授業は6割出席というところであった（なんと2年生時は埼玉県の戸田ボートレース場で合宿をしながら、早朝練習が終わって通う大学（駒場）の運動場でも毎日練習をしていた）。

さらに、大学から戸田の艇庫に戻ってから練習をしていた時期もあった。平日でも1日6、7時間位練習していた。教養学部は真面目にやる必要はないと思い、結局、練習以外でも読書や映画に明け暮れ、真面目に勉強はしていなかったと思うが、結局、それはそれで悔いは無いし、良かったのではないかと思う。

ところが、ボート部も2年生になるとスポーツであるから当然であるが、勝ち負けにこだわるようになる。私がいたボート部は、当時は低迷していたのであるが、かつての名門であり、15回の全国制覇の実績があって、当時は、早慶東商というのが伝統校であり、しかも、そのうち東大が最も強力であると言われていたのである。

私の入部した2年前には全国制覇をしており、当時も余韻が残っていて、必ず勝てという使命感が濃厚に漂っていた。素質は他の私立大学の選手より相当に劣っているように見えたが（多分体力的にも相当に劣っていた）、それを持ち前の練習量でカバーするという方針であった。

クラブ活動を楽しみながら大学生活を送るというのは全く無知も良いところであり、あまり話したくはないが、私は挫折して、2年生の秋に退部した。でも当時としては後悔はしていないし、それが限度であったように思うが、周囲の方には迷惑をお掛けしたように思うし、思い出すのも恥ずかしい気がする。

それでも、ボート部では一生の友が多くできた。未だに、2年に1回位は顔を合わせるし、当時の友や先輩・後輩が弁護士事務所の仕事も持ってきてくれることはありがたい。同期の連中もたまには事件を持ってくるが、残念ながら全く金にはならないけれども、それはそれで結構である。

さらに、ボート部を辞めてから実に45年後に、突然、公益社団法人日本ボート協会(現在日本ローイング協会)の業務執行理事の役が飛び込んできた。報酬はないが、熱意のある先輩や友人を得ることができ、また、一部は社会的に地位の高いといわれる人もおり、その中に飛び込むことができたのは幸運としか言いようがない。

今のところ仕事には余り結びつかないが、一生の友を多く得て、素晴らしい経験であった。

（2）大学のクラスでの付き合い

大学のクラスというのは、教養学部時代の大学1年生、2年生の時期の語学の講義のためにクラス分けされるのであるが、そのメンバーで1クラス45名くらいで、文Ⅰ（法学部中心）と文Ⅱ（経済学部中心）が混在していた。大学のクラス自体は、2年間の語学授業のみの付き合いではあるが、それでも結構親しくなるものである。ただ、私は地方の高校卒で、無論、文Ⅰ学部には1名しかいないこと、やはり、名門校出身の者とは能力が異なるので、真に親しくなれたのは僅かではないかと思う。今でも付き合っているのは7、8名くらいである。

ただ、大学在学中も、司法試験をめざすことになったので、同じ目的で勉強会をした者も数名はいる。なお、1クラス45名中、20名位が銀行等の金融機関に就職したのには驚いた。

ここでの付き合いは、今も続いているのは同じ弁護士になった者たちが殆んどであり、正直なところ、7、8名を除いて気のおけない友人はいないと思う。

このクラスの仲間から弁護士の仕事に絡んだ業務の依頼を受けたことはない。

（3）労働基準監督官としての付き合い

大学は2留し（当時の東大の法学部は2年間意図的に留年して大学に籍を置き、司法試験の勉強をしている者が多くいて、1学年定員630人であるが2留していた者も150人位はいたと思う）、司法試験浪人をしていたが、さすがに親にすまないと思い、卒業した年に労働基準監督官試験を受けて、運良く合格できた。

何故に、数ある公務員試験の中から監督官試験にしたかというと、採用試験の時期がやや遅くて、司法試験の論文試験（当時は7月の20日くらいであったと記憶する）の終了後に行われており、論文試験前には司法試験の論文試験に注力しなくてはならないので他の試験の受験は無理であり、その意味で、監督官試験は論文試験終了後に行われたので日程的に都合が良かったからである。

私は、昭和55年4月から1年間であるが、労働基準監督官となり、東京労働基準局大森労働基準監督署（当時の監督署の庁舎は大森にあって京浜急行の線路のすぐ側であった）で勤務した。

司法試験の受験を抱えながらの勤務であったが、1年間は家族の支援無しに自活したことで、家族に迷惑を掛けないという精神的には楽な気持ちで受けることができ、運良くその年に司法試験には合格できた。おそらく周囲には迷惑を掛けたと思う。1年間であったが、東京労働局配属の新人監督官15名と、2回に分けた新任監督官研修での全国研修（石神井の労働研修所（現在は労働大学校））で東京労働局の者も含めて95名くらいの同期の仲間ができた。約2か月も寝食を共にすると仲良くなるのは当たり前であり、今でも10名近くとは交遊している。

仕事での付き合いはあまりないが、大森監督署の先輩・上司も、1年間とはいえども同じ職場であり、かわいがって頂いた。特に先輩であったA先輩にはトラック運送関係業界でのセミナーや執筆の依頼を受け、また、上司でKSDという組織の研修部長になられた先輩（故人）からは、多くの研修会の講師に使って頂き、大変な恩恵を受けた。

その他、あまり収入には結びつかないが、直接面識のない労働基準監督官の方から、私が監督官経験のある弁護士ということで、仕事を紹介してくれる方もいる。１年のみの経験ではあったが、また、おそらくは周囲からは余り良くは思われていなかったとは思うが、それでも仕事を回してくれる方がいるというのは有り難いことである。

（４）司法修習生としての付き合い

今の若い法曹の人は、司法修習は1年、1年半と短いが、我々の当時は2年であった。特に1年間という短い期間であれば、必要な知識をたたき込むだけで、世の中のこと、社会のことで興味あることを学ぶ余裕はないであろう。その点は気の毒に思う。

2年間の司法修習期間で、現地の実務修習1年4か月はかなり長い。金銭的には当時手取り10万円くらいの給料であって、一人暮らしとは言ってもかなり節約しないといけないが、それでも今の司法修習生に比べるとそれでも多かったのではないか。現在の71期から支給されている新給付金では1か月13万5000円、家賃の手当が3万5000円で合計でも17万円である。39年前の10万円よりはかなり少ないのであろう。現在の司法修習生よりは、私たちの頃はそれでもかなり恵まれていたと思われる。

司法修習の2年間は一時苦しいこともあったが、概して楽しかった。終了後も10年目、20年目、30年目、35年目と同期（450名と教官20名くらい）の泊まりがけの懇談会がある。最近は出席率は4割くらいであろうか。35年目までは同期での一斉の会合が行われているが、それ以降は各期のまとまり具合によるようである。

現在の実態は、司法修習生が同期で1500人もいるのであれば、顔すら覚えるのは難しいであろう。また、中央研修（朝霞市）で行われる司法研修所のクラスの顔ぶれと各地の実務修習地の配属のメンバーとが共通していることが多いため、どうしても付き合う範囲が狭くなるという弊害もあると聞いている。

確かに、若い世代では司法修習時代の同期のメンバーとの付き合いは薄くなっていることは否めないにせよ、同じ釜の飯を食い、同じことを行ってきた同期の者としては、共通点は多く特別な存在である。この付き合いは、一生ものであり、末永く続けるべきである。

私の場合の配属先は山形地裁であり、全く縁のない所であったが、九州の出身者ということで珍しいためか逆に歓迎されたように思う。5人配属の小規模な修習地であったので仲が良いかどうかはともかく、5人は1年4か月間殆ど行動をともにしており、親しくならないわけがない。ただ残念なのは最年長の方が45歳前位に亡くなってしまったことである。

現在の司法修習生にとっては、クラスや実務地のメンバーよりも、代わって重視されているのが法科大学院でのクラス仲間のようである。無論、法科大学院での仲間は重要であり、大切な友人関係ではあるが、法科大学院の場合にはやはり合格しなかった友人の方が多いのであって、結局、仲間の一部が合格し、多くが不合格であることになる。修習同期の付き合いとは質的に意味が異なるのではないであろうか。

司法修習生では、当然に、裁判官や検事から友人の相談に乗って欲しいとの依頼が来たり、同期の弁護士から自分は担当できないので代わりにやって欲しいという依頼はあるし、逆にこちらから紹介することもある。ただし、これもあまり質の高い仕事はないように思われる。

(5) 弁護士としての付き合い

司法修習生は、殆どが弁護士、裁判官、検事のいずれかを選んで、法曹となる。そして法曹の付き合いは30年、40年、50年と継続する。法曹や弁護士は社会一般にはエリート軍団として世の中的には羨望の的になっているが、どの世界にも成功者と失敗者はいる。

特に、人数が多い分だけ弁護士の勝組と負組の差異は極端である(それでも集まれば全く対等に昔話に花が咲くものである)。長年経過すれば、脱落者が出るのは避けがたい。経営破綻して破産者となる者、業務上横領で懲役刑となる者、厳しい業務に耐えられず種々の要因で自殺する者など、おそらく50人に1人以上は、脱落者が出てくる。

弁護士として慢心するとそのような道に踏み込んでいくリスクがあるのである。結構死亡する者もいる。

では、その落伍者は何故出るのであろうか。落伍者となった者が努力が足りなかったのか、恋愛や金に狂って横道にそれてしまったのかというと必ずしもそうとは言えない。

ただ、そのような者が共通して言えることは、情報が足りなかった、悩みを共有できる仲間がいなかったことであろう。１人で弁護士業務を行っていると独善に陥ることがある。人の言うことに耳を貸すことができなくなっている者が少なからずいる。弁護士の中には、やはり、若い頃から優秀であると誉められ続け、自分の立場・位置づけを正確に理解できていない者が多い。そういう者は周囲の声を聞けなくなっているものである。

世の中には、とてつもなく優秀な奴がいる、とてもかなわないと思われる者がいる。

それは、心を開いて冷静に判断できる状況に置かれて初めて理解できることである。弁護士になれば全員が日本弁護士連合会という組織に加入するが、その日弁連という組織には、会長、副会長、理事、事務総長、事務次長がおり、また数多くの委員会があってそれぞれ委員長や副委員長がいる。

それは、全国の4万4000人を超える弁護士のうちの何らかの代表であり、オールマイティではないにしても、その道の専門家がおり、長い者は何十年の経験があっていわゆるオタクがウジャウジャいるのである。それらの者たちの中には飛び抜けて優秀な人材が多数いるのであり、その者たちの話を聞き、意見を戦わせることによって人間としても、また、弁護士としても大いに成長できるのである。

事務所で業務をひたすら行っていることは、それは立派なことではあるが、単位弁護士会や日弁連等の委員会に出かけて委員会に入ることは、そのような目を開かせてもらえる重要な機会であり、それを見逃してしまうのは大いなる損失であると思う。

その意味で、弁護士会、できれば日本弁護士連合会の委員会に入って活動することとは非常に有意義であると思う。

人脈は大切である。私の付き合っている人物、諸団体、諸組織については、差し障りがあるので示せないが、私が購入したり、送られてくる会報、雑誌、通信誌は趣味関係も含めると、70位ある。私などよりも付き合いの広い弁護士はかなりいるであろうから、このくらいでは何の自慢にもならないが、これは私と関わりのある人物、諸団体、諸組織ということになる。

自分なりにその関係を大事にしてきたといえようか。

第2章

司法試験の
合格のための勉強方法

私は、司法修習35期で、5回目に合格したので、決して早い方ではないが、当時の合格者の平均年齢は28歳と言われており、私は27歳であったので平均よりも若干早かったということになる。

受験時代は長くてつらい道だった。生まれ変わってもう一度受験せよと言われれば、絶対に拒絶する。とはいっても、司法試験に合格して弁護士になると、おそらくは、世間的にはかなり恵まれた位置にあると思う。その意味では受かってよかったということになる。

合格したのは42年前であり、早いものだが、さすがによく覚えている。不思議とうれしいという感情はなく、これで終わった、という安堵感があったが、とにかくうれしいという感情はなかった。そこに至るまでの自分なりの屈辱、苦労を考えると、手放しで喜んでよいという気持ちにはなれなかったということであろう。

ところで、受験勉強であるが、当時は、法科大学院は無論ないし、司法試験予備校は辰巳法律研究所と早稲田司法試験セミナーくらいで、レックができたかできない位の時期であった。やはり、真法会が圧倒的に勢力があり、真法会が編集する「受験新報」が唯一の試験の情報源だったように記憶する。

なお、最近、若者の司法試験離れの傾向や、法科大学院の設立と関連する司法改革につき失敗であったという意見を見る機会が多いが、私は、そうは思わない。当時の受験生の生活と、法科大学院生の生活とを比べると、雲泥の差である。確かに法科大学院に行くのにはお金はかかるし、100%の合格はない。しかし、現在では、受験生が大幅に減ったせいもあるが、合格者は受験生のうちの4割近くもいる。当時の合格率は1~2%であり、努力してもなかなか受かるようなものではなかった。実力があっても不思議に受からない人はたくさんいた。

また、勉強の方法があまりにも違う。以前は分厚く難解な教科書を一から読破するような原始的な方法が主流であり、講義も大教室で講師の顔すらよく見えないマンモス講義であった。その講義でも基本書の一部のみを解説して、後は自分で読んでおけというような冷たいものであった。

今は、受験用の理解しやすい本が出回っており、しかも、講義も丁寧で、大教室ということはなく、中にはレジメを作成して配布している講師もいるという。

当時の司法試験受験生のエピソードを2つ紹介しよう。

私は受験時代の2年間位は大学の図書館に通って勉強していた時期があったが、図書館は司法試験受験生の巣であった。毎日図書館の同じ席に座り、夜8時位までそこでじっと基本書を読み続けていた受験生が100人位はいたように思う。

しばらく通うと顔見知りになり、雑談を交わすようになるが、一体何歳で、何年位受験しているのか不明の者たちが多かった。

一部の者を除いては、毎日薄汚れた同じ服装をしており、セーターは破れて穴があいており、また、女性であったが、化粧など全く縁がない服装をして、肩にはフケが積もっていた。要は周囲を省みることなく、一心不乱に勉強していたのである。それだけの努力を継続しても、なかなか合格していなかった。

中には、大変な実力者で、論文試験（当時の論文試験は数倍の競争率の短答式試験に合格した者たちでも十人に一人位しか通らない最難関試験である）に2年連続で合格するという凄まじい実力者であったが、口述試験を3回連続して失敗し、ずっと受験勉強を続けているという猛者も混じっていた。自分も、これだけの受験生の中の1人として一体何時になったら合格できるのか、毎日「五里霧中」の状態であった。

私も、今、考えると、もし法科大学院に行って丁寧な講義を受け、受験指導を受けることができたなら、もう少し、穴の小さい弁護士になっていたのではないかと考えることがある。

かつての司法試験の受験界の実情はあまりにもひどすぎたのである。法科大学院にも満足とはいえない所はあるであろうが、それでも、従来よりはかなりマシであろう。

それと、今は合格しても希望の事務所（特に5大事務所など大規模事務所）に就職できないことがあり、昔の方が良かったかのような錯覚に陥っている批判もあるが、司法試験に合格しないで貧しくつらい受験生活を送っているのと、司法試験は合格したものの希望の事務所には入れず、こじんまりと弁護士をやるのとどちらがよいであろうか。

私は、合格していれば、いくらでも成功の道はあると思う。それは自分で切り拓くべきことである。合格できなければ全く道は拓けないのとは雲泥の差であろう。

確かに、大事務所は給料も多く、留学の可能性もあり、大きな企業ばかりの依頼者がいればうらやましく思うのも無理はないが、その代わり、大きな事務所の弁護士は中での競争が激しく、土日も出勤しているし、平日も朝早くから深夜まで残業させられていると聞く。それも一つの弁護士の生き方であるが、私から見ると成績は優秀ではあっても決して弁護士として一人前とは言えない者が多くいる。

第1章でも述べたが、弁護士の生き方はいろいろであり、どれがいいとか、悪いとかは一概に決められない。いろいろな生き方があり、それぞれを選択したら良いと思う。最低限の業務を行える環境と家族が生活できるだけの収入があれば、大事務所の弁護士をうらやむ必要はないと思う。若い弁護士は、自分の選んだ弁護士生活にもっとプライドを持ってよいのではないであろうか。

勉強方法

ここでは、当時の受験勉強について、私の採った方法を簡単に紹介する。決して早く合格したわけではないので参考にはならないかもしれない。

なお、最近の合格者の勉強方法については本の後半（202頁以下）に、匿名であるが若い弁護士の方に紹介してもらう。

(1) 基本書の熟読

これは、今のように伊藤塾塾頭の伊藤真先生の書かれた本のような素晴らしい本はないので、基本書と言われていた本を繰り返し読んだ。私の使用した基本書は以下の通りである。

①憲法	i 宮沢俊義「憲法（人権）」（法律学全集） ii 清宮四郎「憲法（統治機構）」（法律学全集） サブテキストとして芦部信喜「現代人権論」、「憲法訴訟の理論」（有斐閣）
②民法	i 四宮和夫「民法総則」（弘文堂） ii 有斐閣双書「民法（２）—物権）」 iii 我妻栄「担保物権」（岩波書店） iv 我妻栄「債権法総論」（岩波書店） v 松坂佐一「債権法各論」（有斐閣） vi 幾代通「不法行為法」（筑摩書房） vii 我妻栄「親族法」（法律学全集） viii 中川善之助・泉久雄「相続法（新版）」（法律学全集）
③刑法	i 平野龍一「刑法総論（１）、（２）」（有斐閣） ii 団藤重光「刑法各論」（創文社）

④商法	i 鈴木竹雄「会社法」(弘文堂) ii 石井照久「手形小切手法」(勁草書房)
⑤民事訴訟法	新堂幸司「民事訴訟法」(筑摩書房)
⑥労働法	片岡昇「労働法(1)(2)」(有斐閣双書)
⑦財政学	高橋誠編「財政学を学ぶ」(有斐閣)

基本書を読み込むしかない時代でもあったので、主な基本書は10回は読んだと思う。

いろいろと基本書を変える受験生もいたが、それぞれの本がよい部分と不足する部分とがあり、その意味では定評のある基本書は多少弱点があっても変更せずに繰り返すのがよいと思う。

（2）論点の整理

何でもそうであるが、学問には、ここぞという論点がある。これは初めは全く分からないが、何度か基本書を読んで、おぼろげながら分かってくると、ここは重要だという論点が見えてくる。この時には、まとめをするのが普通であろう。私はノートを使わず、いわゆる京大カードを使った。今は亡き、京都大学の知の巨人といわれた梅棹忠夫先生が岩波新書「知的生産の技術」で紹介したカードであり、当時、大人気で東大の生協では売られていたので、そのカードに論点を書き込んだ。

少しやりすぎた感はあり、カードとそれを収納するプラスチックのケースがあったが、実に厚さが80センチくらいのボリュームになってしまった。論点主義の弊害と指摘されるが、論点ばかりをやってはいけないというのは正しいと思う。

合格後に論点を書き込んだ京大カードは一気に捨ててしまったが、保存しておけば良かったかなと思う。今であればＰＤＦ化して保存するのは容易であり、悔いが残っている。

① 司法試験予備校での講義

これは、当時も予備校は一応2、3校はできてはいたが、それ程普及していたわけではなく、当時としては受講料がかなり高額であったので、多くは貧しい受験生であったので、殆ど行かなかったし、行けなかった。稀に行く受験生もいたが、どちらかというとこっそり隠れて通っているような状況であった。

私は、一度、辰巳法律研究所の夏のコース（3か月くらい）を受講したが、大学の講義よりは役には立ったと思う。ただし、受講料は、当時としては3万円位したと思うので高額であった。

② 答案練習会

これは1年だけ辰巳法律研究所の答案練習会（毎週日曜日だけで確か16回くらい）に通った。自分一人でばかり勉強しているのでは励みにならずに、仲間が頑張っているのを見ると自分も頑張らなければと思うので出かけた。今は、法科大学院の教育があるので必要ないかもしれないが、できれば参加した方がよいと思う。

また、1年間だけ、真法会の通信での答案練習会に参加したが、当時は短答式の問題に通らないと論文の採点をしてくれないので、殆ど短答式で落ちて論文の採点はしてもらえなかった。合格して、一応、真法会の会員についてその通信教育の結果が受験新報に発表されたときは、自分でもあまりの点数の低さに唖然としたが、合格の1年前の成績とはいえ、こんなに成績の悪い奴でも合格することがあるという見本になったのではないかと思う。

③　独自の勉強法

別に独自ではないかとは思うが、一応、書かせていただく。私は、大学受験のときもそうであったが、過去問をよく調べて練習した。試験勉強というものは、試験を離れて学術的研究をしているようでは合格はおぼつかない。過去問を解いたからといって、すぐに合格できるほど甘くはないが、勉強の仕方も過去問を念頭に置いたやり方をとるべきである。無論、ある程度は実力をつけてからでないと過去問をやっても意味は無いと思うが、試験を離れた勉強では試験の合格はおぼつかない。

短答式は、過去問の約10年分位を、カードの表は問題、裏は解答という短答式カードを作成し(「京大カード」を使った)、それを繰り返し見て練習した。これはかなりの受験生がやっていたことである。真法会が作成した短答式試験問題集を2冊買って、切り貼りしてカードの表と裏に貼って作成した。

論文式は、過去問の約20年分(昭和35年~昭和54年分)について模範解答を作成した。受験新報とジュリストに模範解答付で掲載されているものを図書館でコピーして、それを7科目全部、2つの模範解答にプラスして自分の意見を加えた自分独自の模範解答を作成した。何度か書いたように記憶しており、1年1科目2問なので約300問の模範解答を自分なりに作成したということである。

口述試験は、当時はあまり再現はされておらず、研究不足であったことは否めないが、早稲田司法試験セミナーが再現集を昭和53、54年年位に発行していたように記憶する。その問題集の解答を繰り返し見て、必要があれば自分の解答を作った。

なお、参考として本書の後半（202頁以下）に若手弁護士のとった勉強方法について紹介してもらった

第3章

司法修習生の時代

私は、昭和55年の合格で、2年間（昭和56年4月～昭和58年3月まで）司法修習生であり、そのうち、昭和56年7月～昭和57年10月までの1年4か月間は山形で実務修習を行った。楽しかったかというと、お金がもっとあるといいなとは思ったが、概して楽しかったと思う。

勉強もそこそこはしたが、遊びも結構やった。囲碁を覚えたのも修習生の時だし、麻雀をやったのは司法修習生の時期だけである（当時の山形の司法修習生は5人で、一人は絶対に麻雀をしないと決めている者であったので、私が覚えないと卓が囲めないということが麻雀を覚えるきっかけになったのである）。

その他、カラオケやボーリングもやった。しかし、酒はからきしダメでその方の付き合いは今でも苦手ではあるし、結局、司法修習の時期に運転免許を取れなかったが故に、無免許の状態である（当時は、冬場に係ると山形では路上教習ができないという状況であったので断念した）。

1. 修習生の待遇など

給料は、手取りで10万円くらいであり、アパート代が3万円くらいで、贅沢はできないものの普通の生活をする上には不自由はなかった。

ところが、その後、司法改革の一環として司法修習生の給与（給費）が廃止された時期があった。これは、あまりにひどい仕打ちである。給費が停止されたのは、平成23年11月からで新65期~70期が対象となった。実は、本来は新64期から平成22年11月には給費制廃止の対象となる予定だったのであり、一旦は、そうなって、新64期の司法修習生については最高裁が貸与の申込を受け付けていた（給費がない代わりに国がその分を貸与するというものである）。

ところが、平成22年11月末であったと記憶するが、裁判所法改正案が上程され、給費制廃止は1年延期し、その1年間で法曹三者、法務省、最高裁判所、財務省、文科省で協議をするということになったのである。これは、日弁連が展開した給費制廃止についての反対の署名運動が功を奏したのである。宇都宮日弁連会長が各地の弁護士会に反対署名を集めるよう指示を出して、各地で競い合って署名を集め、全国で65万筆が集まった。その65万筆の重みで、国会議員の多くが廃止反対の意向を持ち、議員立法で1年間の猶予法案が可決成立したのである。

ところが、その1年延期について最も反対していたのは驚くべきことに最高裁判所であった。最高裁判所は、一度、法曹三者で給費制廃止に合意したにもかかわらず、日弁連がそれを裏切って、給費制廃止反対の運動を行ったのはけしからんとして、日弁連に公開質問状を送りつけてきたのである。司法修習生は、最高裁判所に所属する者たちであるが、その司法修習生が生活の危殆《きたい》に瀕するにもかかわらず、その最高裁はその生活を守るどころか、それを奪おうというような行動を取ったのは全くの驚きである。

これには、司法予算の少なさが影響しているらしい。日本国家は立法、行政、司法の三権により成り立っているが、三権分立といいながら、司法の予算は極端に少なく、国家予算のせいぜい0.3%にすぎない(国家の予算は現在、1年で約100兆円であり、司法関係予算は約3000億円である)。あまりにも少額であり、それが日本の司法が対行政、対立法に対して虚弱であることを端的に示している。

つまり、司法修習生の給与を支払うことは、それだけ司法の金が減少するということであり、極端に言えば、裁判官の給料や退職金にも影響するということである。そのことが主たる理由かどうかは公表していないので不明であるが、最高裁判所が強く給費制廃止を推進し、反対する日弁連に対して強硬姿勢を示したということは驚くべきことである。

結局、1年間の協議の後、給費制は廃止されて、完全ではないにしても復活するまで6年間はかかり、その間の新65期から70期までは「谷間世代」といわれる約1万1000人の甚大な不利益を受けた世代が生み出された。

71期からは新給付金制度ができたが、前述のように基本給付が13万5000円で居住費が必要な場合は3万5000円という安価である。何故、それまで60年以上も続いた給費が停止されたのかは司法改革により、合格者を増加させ3000人にするが、その給料は払えないので必要があれば国が貸し付ける事として司法修習期間は無給とするとして、紆余曲折はあったにせよ、最終的には法曹三者のトップの意見が合致したからである。

当時は、法科大学院も各地で設立され、合格者が3000人に増えても企業や役所が採用するので就職先には困らず前途は明るいという楽観的な見通しだったように記憶する。無論、反対意見もあったが、司法試験は法科大学院の修了生から6、7割が合格し、その後も安定的に就職先があるという甘い見通しの内に、司法修習生の給費は廃止しても問題はないという考えだったのであろう。とんでもない選択をしたものである。

2. 司法修習制度への私見

法科大学院を作り、余裕のある法学教育を受けた者を合格者とすること自体は正しい選択であったと思うが、そのために何故、給費をなくすのか合理的な理由がなかった。要は、増加した人数に対応する給費を支払うのは国家の財政が苦しいから無給にするというあまりにも短絡的な理由による身勝手な意見であり、司法修習生の給費の重要性を全く理解していない。

司法修習制度は、国民のための法曹を養成するためのものであり、裁判官、検察官、弁護士は、国民のために責任ある司法を実現する。時々、誤解している裁判官や検察官がおり、弁護士は、国民の為に活動しておらず、自分の金儲けのために活動していると発言する者がいるが、常に弁護士から批判を受けているので感情的になって非難しているにすぎず、何となくその気持ちは分かるが、全く弁護士の本質を理解していない。

無論、弁護士にはいろいろおり、金儲けだけを目的にして、公益的な活動をしていない者がいることは事実であるが、それはほんの一部であり、多くは、国民にとって公益的な活動をやり、全く採算の合わない相談、事件も一生懸命実行しているのである。

例えば、国選弁護人、当番弁護士などは、刑事が本当に好きな弁護士は別であるが、できれば回避したいと思うであろう。一定の時間帯に、しかもかなり不便な場所にある拘置所や警察の留置場まで出向かねばならず、時間が取られる。さらに、正直なところ、起訴されれば否認してどのような主張をしても、まず、検察官は同意せず、裁判官は賛同しないであろう。

つまり、いくら努力しても、その努力が報われる可能性は極めて低いのであるが、やらざるを得ないのである。私も数少ない刑事弁護の中で上告審で弁論をすることになったことがあるが、最高裁判所の記録閲覧室で記録を見て、保釈はされていたので（確か富山県に居住していた）、電話で連絡を取って話を聞いてみても全く控訴審判決を争う箇所がないし、憲法違反、判例違反、法令違反の理由など全く考えつかない事例であった。

しかし、上告理由書は書いて提出しなければならないので、色々頭をひねって上告理由らしきものを考え出したことがある。それを事務所の弁護士に話したところ、そんなの認められるはずがないとさんざん馬鹿にされたが、弁護人としてはそれは分かっていてもそのような事もやらなければならない。

もし、理由無しで「弁論の余地無し」という弁論要旨を提出すれば、おそらくは懲戒請求されるであろう。

法律相談にしても、長年、弁護士会の法律相談は30分5000円の相談料で運営しているが、30分とはいえ、5000円では安すぎる。正直なところ、弁護士会に来る法律相談は実入りの良いものはない。しかも、その相談者が弁護士を紹介して欲しいと言われれば、原則、法律相談を受けた弁護士が事件を引き受けることになる。余り筋の良いとはいえない事件をやらされることは弁護士としては結構つらいものである。

1回30分5000円の法律相談がきっかけとなって、かかる筋の良くない事件をやるというのは弁護士としてはつらい。

それと、弁護士事務所での法律相談1回30分5000円という不正確な情報が世の中でまことしやかに伝わっており、10数年前であるが、法律相談で事務所にやってきた企業の方が、法律相談料として5000円札を持ってきてこれで支払い終わりという態度を示したことがある。面倒だったのでそれ以上は請求はしなかったが、

30分か1時間かはともかく、1回の法律相談料が5000円では全く採算は取れないのは自明である。

東京都心で事務所を構えて仮に20坪の事務所であればひと月の賃料は安くて30万円、高ければ50万円である。

無論、事務所にかかる費用は事務所の賃料だけではなく、事務員の人件費、リース料金、光熱費、通信費等で1月40万円くらいはかかるであろうし（1人の事務員とした場合）、それでは弁護士個人の生活費は全く出ないことになる。

そのような料金設定では到底弁護士事務所は維持できない。法律事務所の法律相談料金は、1回2万〜3万円ないと全く採算が合わない事は明白である。それを5000円でやり続けたということに弁護士会の油断がある。

話はそれたが、要は、国選弁護にせよ、弁護士会等の法律相談にせよ、あれは特別奉仕の報酬金額であって、それを維持することができるのは弁護士のボランティア精神であり、弁護士の多くの業務はまさに公益活動としてでしか成り立たないものであって、国選弁護や弁護士会や役所の法律相談業務は正にボランティア活動であることを認識して欲しい。

そのように理解していただかないと、弁護士は金儲けのための商売なのだからその養成のために国が費用を出す必要はないという結論に結びつけられやすいので詳しく述べたが、裁判官、検察官、弁護士は国の司法を司る重要な公益的役割を分担しているのであり、弁護士の養成のために国が費用を出すのはおかしいなどという俗論がまかりとおっていては話にもならないのである。

法曹三者を養成するのは国がその費用で行うのは当然なのであって、それはその役割が国家の司法制度維持の観点からなのであるが、新65期からの給費制の廃止は、まさに、暴挙とも言えるものであった。

司法修習生は、今でこそ、許可さえ受ければアルバイトはやってよいことにはなっている（現実には殆どできないであろう）が、当時は兼業など無論禁止であり、修習専念義務があるのであり、しかも、その研修の業務内容はかなり厳しくハードなものである。アルバイトなどしながら片手間でできるようなものではなく、それ故にアルバイトなど論外である。

そうだからこそ、修習に専念できるように最低限生活できるだけの給与を支払うべきなのである。

無給でアルバイトに専念し、それでも卒業試験はそんなに落ちるものではないので何とか卒業したとしても、司法修習生当時に研鑽を怠っていたのであれば、弁護士として実務についても問題を引き起こすようなことになりかねず、その依頼者は無論のこと、弁護士全体の信用にも絡んでくることになる。直結はしないかも知れないが、勉強や生活に不便のない程度の給費があればそのような信用失墜につながらないかも知れない。

谷間世代（新65期〜70期）の司法修習生の方は実に約1万1000人もいるのであり（法曹の4分の1の数である）、多くは、国から貸与を受け、5年経過後、国からの分割の弁済を強いられている。

71期以降は、日弁連の活動と、それを受けた国会議員の先生方の御尽力で、新給付金制度が創設されたが、基本給付が13万5000円、住居費が3万5000円ということで、ないよりマシであるが、これで十分であるという水準ではなく、やはり、あと数万円ないと生活するのは苦しいであろう。

この谷間世代の受けた精神的な苦しみ、不公正感を重く受け止めて、日弁連は谷間世代の救済に向けた活動を続けており、活動をしている委員である弁護士は度々、国会議員会館に足を運んでいるのである。

是非とも谷間世代の給費の実質的復活と返済の免除を勝ち取るべきであり、その日弁連の活動を支援していきたいし、その後には71期以降の水準を元の水準にもどすべく頑張らなければならないと考えている。

おそらくこれからも長い戦いになるであろう。

第4章

弁護士としての活動と課題

弁護士としての活動は、とにかく幅が広い。30年、40年前のように裁判所の前の門前町のように弁護士事務所が軒を並べ、民事・刑事の調停、裁判のみを業務とするのではなかなか時代の変化にはついて行けないであろう。

特に地方の弁護士事務所は、未だに裁判所に係属する事件中心の弁護士事務所も多いかもしれないが、また、それで生活できるのであればそれが望ましいかもしれない。しかし、今後は、それでは法律事務所の経営は成り立ちにくいであろう。

とはいっても、何をすればよいのかなかなか明快な回答は出てこないし、とりあえずはやってきた相談・事件をやるという弁護士が多いであろうが、それでは相談や事件が来なくなったらどうするのかということに対応しなければならない。

そのためには、その対応策を自ら開拓しておかなければならない。そして、それは容易なことではないが、弁護士は弁護士登録をする前からそのことは考えておかなければならない。本来であれば、司法修習期間が2年あれば、時間的な余裕があるので対応策を考えて準備する時間はあるわけではあるが、その後、1年半、1年と修習期間が短くなった今、基礎的な知識・技術を磨かなければならない期間に将来のビジョンを立てなくてはならない事態になってしまっているのであり、非常に酷な話であるが、そうせざるを得ない状況に来ているように思われる。

そうすると、どうしても選択肢のたくさんある東京、大阪に集中してしまうのはやむを得ないということだろうか。なかなか、良い解決方法は見い出せない。

1. 知識・技術をどうやって磨くか

5大事務所等の大規模事務所では採用直後から研修があり、その事務所の業務につくための最低限の知識は教えてもらえるようであるが、中小の事務所は、そのような研修体制をとることはできない。

研修をするということは、その費用は顧客への報酬に転嫁されることになる。高度のサービスをする以上は、高い報酬を要求するというのが大規模事務所のやり方であって、別に不合理とは言えない。

問題は、大規模事務所の高い報酬に対して、顧客が何処まで忍従できるかである。

高い報酬に関して、チラホラ噂を聞くことがあり、中には、本当であれば、弁護士倫理違反になるのではないかと思われる噂もある。

基本的には、弁護士は、知識は自分で会得しなければならないはずである。

2. 自己研鑽

弁護士は、基本的には知識・技術を磨くのは自分の工夫によってである。中小の弁護士事務所は個別の事件・相談に応じて若手弁護士にアドバイスをすることはあるが、基本的に体系的な教育はしないし、できない。

弁護士業が自営業であり、すぐにでも独立して報酬を稼ぐことができるという仕組みになっているのであるから当然と言えば当然である。極端な話でいえば、当該事務所で教育したイソ弁が、すぐに独立して、当該事務所で知った顧客の相談や依頼に応じて業務を行うことは道義上問題ではあるが、現実には多く行われているし、顧客の選択であると言われれば、元の事務所の弁護士は文句は言いにくい。その意味（顧客を奪われる）もあって、中小の法律事務所は体系立てた研修はしないし、できないというのが実情ではある。

そうなると、基本的には自己研鑽しかないが、やみくもに自分で独学してもなかなか目的には達しないことが多いであろう。やはり、ある程度は自己の進むべき道を見定めてから、何をすべきか考えることになろう。若手の裁判官の中には、判例時報や裁判所報をすべて読み込む方法で勉強している者もいたようであるが、若手の内の3、4年くらいはそれでよいかもしれないが、無駄ではないにしても工夫は足りないように思う。

裁判官であればオールラウンドプレイヤーとしてそのような方法もあるかもしれないが、弁護士はそのような方法は感心しない。確かに、すぐに方針を決めることはできないということは当然であるが、取りあえずは何をしたいか、そのために何を勉強するのかを意識して行わなければならない。

人生は早い。何も考えずに、依頼されたことをやっていくということは無意味ではないが、結局、何の専門家にもなれずに、結果としては10年、20年と無為に時を過ごすことになるかもしれない。そのようなことにならないように、常に自分の置かれている立場、状況を見渡して自分で決めていかなければならない。

一番初めに所属していた事務所の分野がその勉強の分野であればこれに越したことはない。私は、その点では運がよかった。しかし、そのような幸運な者はそう多くはないと思う。

私の周りでも、取りあえず来たもの（事件、相談）をやるという弁護士は多かった。それはそれで食べていけるので悪い弁護士生活であるとは言えない。それで、金を稼ぎ、結婚をして、子供ができ、家を買い、事務所の後継者ができ、そこそこの弁護士人生を送るという生き方も悪いとは言えない。

それでも、自ずから得意分野、やりたい分野は出てくるものであろう。私が言いたいのは、弁護士になってから早目に目標を持ち、それを実現するための勉強に取り組むのがよいということである。

3. 記録を残すこと

これは弁護士業務を行う上で極めて重要なことなので、是非、まめに実行していただきたい。

弁護士の業務は、法律相談、訴訟での対応、打ち合わせ等多くの時間を取られることになり、忙しいときはその日に行った業務自体でヘロヘロに疲れ、自宅に帰って食事して寝るだけの元気しか残っていないことがある。

そうすると、その日やったことに対して、何をやり、今度は何をやるべきか明確にしないままその日が終了してしまうことになるが、これはまずい。5大事務所等の超一流事務所であれば、弁護士付の秘書がいて、そのようなことをきちんとフォローしてくれる場合はあるかもしれないが、それは稀有のことであり、多くの弁護士はまめに自分で整理を行わなければならない。

本当は、弁護士にも医師のカルテのような作成義務を課すことになればそれがよいと思うが、弁護士にカルテのような書類の作成を義務づけるということになればまた大変な業務を背負うことになる。
自分を振り返ると、何度も工夫しながらやってきたが、全て失敗した。

初めは、依頼者ごと、事件ごとにファイルを作り、それで整理をしていたが、そのやり方では1年は持たなかった。1年でもファイルは60冊くらい溜まる。その60冊を置く場合に、そのスペースもままならない。1人の事務所であればともかく、3、4人の弁護士がいる場合にそのようなスペースは無いと思う。結局、途中から、個別のファイルを自宅に持ち帰っていたが、そうすると使いたいときにそのファイルは手元にないことになる。

さらに、事件や相談は定期的にやってくるものではない。しょっちゅう使っているファイルは二冊目、三冊目になるが、始めは相談に来たが、その後全く来なくなり、3年後に別件で相談にきたときに聞くと、あの件は2年前に解決した等と聞き、そうすると、解決した相談や事件を後生大事にファイルにして2、3年間保管していたことになる。

その他、よくあったのは、別の依頼者、別の相談で、「何年か前に別の依頼者が同じような相談をしてきて、その時にこのように回答し、資料を渡したはずだ」ということは覚えているが、肝心の依頼者名が思い出せないし、仮に思い出せても、その依頼者が何年前に来た時の相談かは思い出せない。そのよく来る依頼者のファイルが何冊にもわたっている場合には探し出すのには1時間、2時間と相当な時間を要することになる。

要するに、相談者ごと、事件ごとにファイルをつくることは賛成できない。私は活用できなかった。もし、そのやり方でできるとすれば、定期的に、できれば2か月に1回くらい、そのファイルを点検して、不要なものを削除してファイルを作りなおす努力をすれば活用できるかもしれない。しかし、そのような時間を取れる弁護士はいないであろう。

では、どのように記録を残して、保存するのかということであるが、王道はないであろう。本来は、資料に名刺を付けて一体として保管するのがよいと思うが、名刺は1枚しかもらえないが、多くの事務所の場合には名刺は事件記録・相談ファイルではなく、別途依頼者・相談者のリストを作っており、事件記録・相談ファイルとは一体として保管していないと思う。

理想は裁判官である。裁判所では裁判官と裁判所書記官がおり、記録の管理は裁判所書記官であって、裁判官は基本的には関与しないはずであるが、弁護士事務所も秘書と弁護士がそのような形態を取れば、かなり、事件や相談記録の整理ができるであろう。しかし、それができるのは5大事務所くらいではないであろうか。

結局、その後、紆余曲折したが、私の場合は、事件記録、打ち合わせ記録、相談記録を整理することは不可能であることが分かり、また、秘書等を配備する余裕もないので、結局、資料は資料として相談者ごとに、訴訟事件は事件ごとにファイルを作って管理をすることにした。ただし、名刺は、相談ファイル、事件ファイルごとに名刺ホルダーを2、3枚付けて保管し、事件ごと、相談者ごとに管理できるようにした。

また、その事件や相談の打ち合わせなどのメモは、その事件・相談をノートに書き込んで保管することにした。感じとしては2・5か月に1冊のノートがなくなり、次のノートに移ることになるが、これだと、重要な点はノートに書き込んでいるはずであるから、時期を思い出すか、手帳でその日付を探し出せば、当時の打ち合わせ、相談の記録は一応、探し出せる。無論、ノートには必ず、打ち合わせの日時や相談者の名前を記入することにする。

この方法が良いとは限らないが、若い弁護士や弁護士を目指す世代の方は、パソコンやインターネットが得意であるので、その能力を生かしてもらえば、早く、能率良く整理できるであろう。

しかしながら、他方でその記録データが喪失した場合や、消えてしまったあるいは盗用された場合のリスクの大きさは、手書きノートや相談ファイルの喪失や盗用された場合の比ではなくなると予想される。

益々、パスワードの設定等、開くのに時間を要するようなことになるのであろう。パスワードの設定された文書を送られることは開くのに時間を要することもしばしばであり、私には苦痛に他ならないが、若い方たちは全く気にならないかもしれない。

4. 本の執筆や原稿を書くこと

これは私個人で目標として決めたことに過ぎないので、弁護士としてやるべきことではないかもしれない。

私は、生意気ではあるが、やはり自分の足跡を残していきたいと考えた。どんなに弁護士として日常素晴らしい活動をしても、おそらくは、それを世の中に明らかにすることはできないし、そのことは不適切な場合が多いであろう。

訴訟事件や社会運動の中で成果を上げて公表されることもあろうが、これは計画的にできることではなく、多くの場合は偶然であり、運の有る無しによるところも大きいと思う。無論、前述のように克明な活動記録を残すという方法もあろうがこれは公表はできない。

そのため、学者にはなれないが、実務家として本の執筆や、原稿の発表ができるとすれば、それは素晴らしいことであると考えて、機会があれば本を執筆し、論考を雑誌に発表してきた。

運の良いことに私の専門とする分野は、他の分野に比べて執筆しやすいし、そのニーズも高いと言える。さらに運が良かったのは、私の所属していた事務所のボスがその道では当時、第一人者と言われ、本や雑誌の原稿の依頼が非常に多い事務所であり、チャンスが回ってきたのである。

また、執筆ではないが、その専門分野の講師（民間のセミナー業者）の話もかってはあり、関係法の大改正のあった年などは1年間に60回位セミナーの講師をやったことはある。

ただし、セミナーの講師はそのための準備が大変で時間に追われるし、また、セミナーの時間帯及び往復の時間帯は完全に拘束され、その時間帯は他のスケジュールは完全にシャットアウトされるので、あるときに基本的には受けられないことにしたら、その後はパタリと来なくなった。

多少寂しい気持ちはあるが、そのための準備と時間拘束のために、やはり受けられないと考えている。

このセミナーや執筆については相当無理な依頼もあったが、できるだけことわらずに執筆をしてきた。例えば、無茶苦茶な依頼としては、明日の14時までに200字詰め原稿用紙40枚に原稿を執筆して欲しいというものや、講師の先生が他の講演とダブルで予定を入れているので明日の10時から12時まで講師をお願いしたいと言われ、それもしがらみもあり、受けることにした。

一番大変だったのは、事務所のボスが経営者団体の1泊2日の合宿研修を予定していて事前に20問くらいの課題を出して考えてきてもらうという内容のセミナーであったが、ボスのお父様がお亡くなりになってボスは喪主であり、2日前になって何とかならないかと頼まれたという状況であった。これも覚悟を決めて、徹夜に近い準備で乗り切ったことがあった。

話はそれたが、執筆をしたり、セミナーの講師を務める場合には、依頼者からの多少の無理も聞いてあげないと若手には話はやってこないかもしれない。

その意味では、若手弁護士には、多少無理をしてもチャンスをつかむよう努力していただきたいと思う。

第5章

弁護士としての実績

これまでの約48年間の弁護士としての活動は、あまりにも膨大であり、語り尽くすことは無理である。しかしながら、至らないながらも真面目に仕事をして業務を処理してきたと思うが、未だに失敗だらけで、あまり公表したいものではない。

ただ、結果として残っている結論だけの書類をみると、相談のうち何分の一かは相手のある事件であり、殆どがそれなりの解決をしてきており、その結果は概ね残っている。全部で約700件~800件程は何らかの形で解決した。和解もかなりあるが、判決・決定によって白黒がついたものも現時点で300件くらいである。

勝ち負けは、弁護士の腕とは関係なく、事案の筋、運不運であるというが、私は、事案の筋、運不運ももちろんあるが、それは50%位であり、残りは実力、能力、努力の結果であると思っている。従って、結果は弁護士にとって極めて重要である。守秘義務もあってあまり公表できない面もあるが、不必要に隠すのもまた頂けない。私の勝率は優に5割を超え、3分の2も超えている。

それは、運・不運もあるが、努力の賜と思っている。他方で、かなり痛い思いもしてきている。負けたがために、顧問契約を切られたり、上告のための印紙代・郵券代すら支払われずに立替させられたということもあり、そのような非常識な依頼者もいた。痛恨の敗北も少なからずある。勝ち負けにこだわってはいけないとは思うが、やはり、負けないように努力したいとは思う。

1. 弁護士としての資質とは

弁護士として依頼者に対してどのように応えていくべきかについては、日頃からの努力（準備）と相談・受任後の努力（準備）があると思う。

日頃からの努力（準備）は、いわゆる勉強ということになろう。人間いつまでも勉強しなければならないのである。若い頃は司法試験を通ればもはや勉強しなくてもよいなどと思いこんでいた時期があったが、とんでもない話で、司法試験を通っても、否、司法試験を通ってからの方が勉強しなければならないのである。ただ、勉強しなくとも試験に落ちることがないだけであり、その分だけ気楽ではあるが、何事も競争の世の中、勉強しない者には相談者も依頼者もついてこない。その分、弁護士としての報酬も少なくなって評価も低くはなる。やはり、自分で考えての努力は必要になる。特に、4万4千人もの弁護士が存在し、弁護士の生活は決して楽ではない。その意味でも努力研鑽は重要であろう。

何を勉強するのかは、既に述べたが、各自各様、将来どのような弁護士になりたいのか、どのような道に進みたいのか、それぞれ異なってくるから、一概には言えないが、まず、弁護士としての専門性を持ちたいのであれば、その専門的な分野の知識を得るように努力するべきであろう。目標をもって計画的に勉強していくのと、漫然と弁護士生活をやっていくのとではおそらく10年後には大きな差異が出てくるであろう。

私個人の話をすると、私のボスは私が入所した当時、既に、特定の専門分野の世界ではかなり著名な方であったので、どうしても、相談や事件は、その関連分野の問題が多く、7割方はそうであったと思う。そうすると、どうしても、先輩やボスについていこうとすれば、その道の知識を学ばなければならないという立場にあった。そのため、その分野の判例を学ばなければならないと決意し、判例集で月3回発行されている冊子を隅から隅まで読むということを日課とし、月曜日から金曜日まで毎日、満員電車ではそれを読み続けた。

1日に往復で1・5時間くらいであったと思うが、少なくとも結婚するまでの3年間、結婚してからもしばらく続けたかもしれないので、4年間くらいはそれを続けた。

今は、判例の紹介文の初めの部分に出ている要旨しか見ていないが、無論、それでは駄目である。隅から隅まで読むのは、結論を知りたいからではなく、原告と被告がどのような主張をし、それに対してどのような反論をし、どのような結論になるのかという訴訟の流れを知るためである。

我々弁護士にとっては、結論がどうかという対裁判官よりも対相手方の方が重要である。従って、こちらの主張に相手がどのように反論し、反証してくるのか、そのような事件にはどのように主張すれば相手が困るのか等を知りたいのである。そのためには、判決の隅から隅まで目を通すことは有力な方法となる。

弁護士の業務というのは、普通であれば結構忙しく、日常の業務をきっちり行えば睡眠不足になる程であり、業務を終わって家に帰り、お酒を飲んで爆睡するということになりがちである。それはそれでもよいが、それでは、自分の勉強をする時間がないのではないか。よく考えて1日30分でも10分でも自分の決めた勉強をすればよい。1日30分なら1年で180時間、1日10分でも1年で60時間にもなる。10年続ければ1800時間、600時間になる。

1800時間あれば、専門書1冊30時間で読破するとして60冊も読めることになる。「継続は力なり」と大学受験時代によく言われたが、弁護士になってもまさにその通りであるということになる。

2. 弁護士という仕事への向き合い方

弁護士の本業である法律相談・事件の対応を真面目に行うのは当たり前のことである。しかし、当たり前とはいえ、きちんと対応することはなかなか苦しい場合もある。どのような法律相談もどのような事件も、決して簡単ではなく、難しく、解決困難な部分はある。

それに誠実に向き合い、懸命な努力をしなければならない。私自身、自分が果たしてそうやってきたかと問われれば必ずしもそうではなかったと言わねばならない。しかし、概ね真面目に取り組んできたようには思う。

次に、相談を受けたり、事件の受任をした後の努力（準備）であるが、それは当然やるべきであるが、私は、まず、相談者・依頼者の話をたっぷり時間をかけて聞くべきであると思っている。相談者・依頼者が弁護士に相談・依頼するのは困っているからであり、そのうちの多くは人に話ができないと思っている。

その時に、その話もろくに聞かないのは裏切りであり、債務不履行である。無論、その相談を受けた日、受任した日は他ののっぴきならない事情があることが多いかもしれない。

それならば、できるだけ近い日に時間をたっぷりとって、その相談者・依頼者のために熱心に話を聞くべきである。その時は、それは事件には関係ないからその話は止めるように指示するというのは必ずしもよくない。できれば、最初から最後まで話は聞いてあげるべきである。

時間がないということもあろうが、医療事件の関係で依頼者や家族の主治医の先生に事件の関係で教えて頂きに行くと、凄く時間を気にして、こちらからすると聞きたいことの半分も聞いていないのに、イライラされる医者の先生がいる。無論、依頼者の主治医であるので予約して出かけているのだが、忙しいというのは理解できるが、それではお互いに損である。

私も、少なくとも実質上1回目の相談・打ち合わせの時は、時間切れで中途終了にならないように心懸けている。

私がイソ弁時代に、私の出身地である出身高校の知り合いがいきなり電話をかけてきて、今、東京に来ているので話を聞いて欲しいといわれ、夕方6時過ぎにどこかの喫茶店で会い、なかなかその依頼者の話の核心部分に到達しないために、お店が閉店になるので追い出され、2軒ほど喫茶店を出て3軒つき合ったことがある。夜の12時までには聞けなかった。

当日は別れ、彼は、翌朝始発の便で福岡に帰っていった。その後も1か月、2か月のうちに何度か来て、全容を聞くのに20時間はかかったが、無論事案を理解できるためには3、4回位同じ話を聞かなければならないので50、60時間くらいは話を聞いたように思う。

相談者・依頼者の長話を極端に嫌う弁護士が多いが、それでは相談者・依頼者との人間関係は築けないであろう。高い（?）相談料・報酬をもらう以上は、時間は提供するべきであり、時間を惜しんでは弁護士として良い仕事はできない。

それに、その相談の内容、担当事件とは一見関係ないように見える話も、重要である場合がある。その相談・事件そのものには関係あることが後で分かることもあるし、それが相談内容・事件内容の背景事情として利用できることもある。あまり結論を焦りすぎて周囲を見ていないということになるのであろう。

また、その相談・事件そのものに全く関係のない話であっても、他の場面で役立つことはしばしばある。

私たち弁護士は、世の中の事象のほんの僅かなことしか知らない。相談者・依頼者は我々とは全く別の人生を生きており、全く別の経験をしている。我々弁護士は、相談や事件の打ち合わせを通じて、その相談者や依頼者の人生経験を共有できるという極めて恵まれた立場に置かれている。その貴重な機会を、相談内容や事件内容と直接は関係ないということで切り捨てるのはあまりにももったいない。

私の経験では、じん肺訴訟の関係で、ある呼吸器内科の医師に勉強会兼打ち合わせで話を聞かせてもらったことがあるが、その先生はホントに物知りでおもしろい先生であり、よく話が脱線した。しかし、それはじん肺訴訟には役には立たなかったが非常に記憶に残る話であり、別の点では大いに役に立った。

例えば、人の肺の表面積はどのくらいあるかという話があり、肺には無数の肺胞があって非常に入り組んでおり、これを平らかにして伸ばせれば、テニスコート位の面積にはなるということであった（この話は別の事件で使わせてもらった）。

さらに、その医師の先生は、大学を卒業してすぐに伊豆半島の土肥《とい》の病院に勤務したが、いきなり出産に立ち会わねばならないことになり、無論、そのような経験もなかったが、しっかり者の婦長さんのおかげで冷や汗たらたら危機を乗り越え、無事出産させることができたということであった。その先生がその話を札幌医大卒で著名な作家の座談会でしたところ、それが小説「黒の岬」にそのまま掲載されたということであった。

ある時、その作家の晩年に、ある出版社が講演会を開いたときに、私もその出版社との付き合いがあったので講演会後の立食の懇親会に同席させてもらい、その話をしたところその作家は驚いて、「そんな話は知らないよ」とうそぶいていたが、後日サイン入りの本を送ってきた。口止め料ということであろう。とにかく、医者の先生は、さすがに博識で、おもしろい方が多い。医者の先生のみならず、その道の専門家の話は、特に役に立つことが多いので、例え冗談のような話や、相談や事件と無関係に思えても聞くべきである。

■記憶に残る事件

私は、弁護士40年目であるが、ここでは、民事事件で記憶に残っている事件を3つ紹介しよう。これまで関わった民事事件のうちのかなりの数は労働事件であるが、それでも専門弁護士といわれる前の若い頃は一般民事も少なからず取り扱っており、700件~800件位はあるであろう。それらのうちで記憶に残るのは、やはり、敗訴の事件である。勝訴はうれしいものであるが、あまり記憶に残らない。

(1) 観光バス運転手の事件

これまで一番記憶に残る事件があるとすれば、ある観光バス運転手とバスガイドの事件である。既に確定してから25年位を経過しているので、また、依頼者も了解してくれているので、話すことはそれ程まずくはないと思われるが、関係者で傷つく者がいるかもしれないので、ある程度はオブラートに包んで紹介せざるを得ない。なお、判例集には何度か掲載されたので、当事者の会社の名称は調べられれば容易に分かるであろう。

昭和61年夏、まだ新人に近い私に当時の法律扶助協会(今の法テラス)から代理人になるよう1件の解雇事件の紹介が来た。刑事の国選弁護事件以外では、初めての個人の訴訟事件であったと思う。事案は観光バス会社の運転手が、バスガイドを乗せて泊まりがけで観光旅行に行き、会社に帰ってきてからバスガイドに対して車庫で飲食に誘い、酒に酔ったところをラブホテルに連れ込んで性関係をもった。さらに、約10日後、観光バス数台で高校の修学旅行に行った帰りに、車庫で、そのバスガイドにばらすと脅しを掛けて再度同じラブホテルに連れ込んで性関係をもったというものであり、観光バス会社がその男性運転手を解雇したが、その運転手（依頼者）は断固として否認して争っており、訴訟をやりたいということなので、法律扶助協会が事件を受理して私を紹介するというのであった。

その事件が発覚したのは、その女性バスガイドが会社に姦淫されたと訴え出たからということであった。運転手の代理人となって解雇無効の主張をするということになるが、一見して極めて不利な状況であった。法律扶助協会から出る着手金の扶助は15万円であったと記憶する。このような状況で依頼者を信じて受任すべきか否か悩むのが普通であろうが、当時の私はまだ新人に近く、何せ体力があったので、依頼者を信じて受任することにした。

その事件は、最終的には勝利して、運転手はその観光バス会社に復帰することになるのであるが、それまで実に9年経過した。私は、多くは企業側の代理人をやることになるが、それでも1割くらいは労働者側の代理人をやっている。従って、労働者側で、しかも労働組合の支援無しに真っ向から使用者側と戦うことの苦しさ、つらさはよく理解しているつもりである。

この事件はまさにそれで、当初は運転手仲間や、バスガイド仲間でもその運転手の立場に立って支援してくれるような発言をする同僚はいたが、すぐに態度を変え、会社側につかないまでも、協力はしない態度を取ることになってしまった。その意味では、労働者側は孤立無援の戦いを強いられることが多い。そのことを嫌というくらい知らされたのがこの事件である。

ただし、この場合には、その被害者であるはずのバスガイドも会社に残ることはできない。性的な被害者であることを職場の人々に知られたまま平然と残ることはできないであろう。そのため、後になってそのバスガイドとの接触が可能になったことが幸運であった。

話は戻るが、昭和61年当時は解雇事件といえば仮処分事件が先行し、それが終了して訴訟になることが多かった。今は、労働審判制度ができたのでそれが使われており、仮処分事件は殆どなくなった。本件は、解雇は無効であるとして東京地裁に仮処分の申立（地位保全、賃金仮払いの仮処分）で却下、東京高裁への抗告も棄却された。東京地裁ではそのバスガイドが会社側の証人として登場し、会社のストーリー通りに証言した。

仮処分では負けたが、あきらめずに本案訴訟をやることにした。この時点で、そのバスガイドが真実を証言しなければ勝てないという認識であり、是非とも真実を言ってもらおうとそのバスガイドの実家を訪ねることとした。実家は千葉県のA市にあり、結果として、8回はA市に出かけたように記憶する。ところが、そのバスガイドは、運転手が解雇された3、4か月後に会社を退職してA市の実家に戻っており、証言したときにはA市にいた。尋ねた時点で、そのバスガイドは男性と家出をしており、連絡先が分からないということであった。それで、母親に事情を説明し、戻ってきたら連絡して欲しいと伝えていた。そうしたところ、3か月程して母親から連絡があり、B市のパチンコ店でその男性と共に住み込みで働いているというのである。

すぐに、その運転手とともにB市に行って訊ねた。そこには、面白いすっとぼけたパチンコ店の社長と奥様がおり、そのバスガイドを呼び出して話をしたが、当初、否認し、無理矢理関係があったと主張していた。しかし、社長と奥様の説得により、虚偽のことを言った、偽証をしたと証言を、一旦は、覆した。そのために、簡単な陳述書を自筆で書いてもらい、事態は好転したかに見えた。

その後、無論、法廷にそのバスガイドの陳述書を提出したところ、会社は驚いたらしく、そのバスガイドの実家にも連絡してやってきたそうである。こちらも、何とか、証言をしてもらえるように準備をしていた。そして、会社側のアプローチもあるので、一度、はっきりと偽証したことを確認しようと思い、一度A市の実家に集まってもらって、みんなの前で確認しようということになり、バスガイド、男性、パチンコ店の社長夫婦、バスガイドの両親、運転手と私の8人で話し合いの機会を持ったところ、はじめに、そのバスガイドは関係があったと一度撤回した話を覆してきた（後で分かったことだが、男性に偽証したことを認めるのはまずいからやはり性関係を持たれたことにした方が良いと言われ、そのバスガイドは一度は覆したということである）、どうも男性が誘導しているらしいと考え、男性に退席を求めて聞き直した。

今度は、又、話を覆して関係はなかったと言い出した。この再度の撤回には重要な経緯がある。性関係を持たされたというのなら、何故、2回同じ五反田のラブホテルに連れ込まれたのに、そのホテルの特定ができないのかと問い詰めた（これも後から分かったことであるが、会社は、ホテルを特定するとそこを調べられるから特定しない方が良いというアドバイスをしており、特定しなかったということである）。

しかし、7月12日と22日の夏至近くの夕方6時頃のことであり、周囲も明るかったのに何故特定できないのか不思議であったが、バスガイドはそれには答えなかった。その時、パチンコ屋の奥様が突然、「そんな馬鹿な話はない。女がホテルに連れ込まれようとしているのに、しかも、同じホテルなのに、それを特定できないなんてことは絶対にない」と発言したのである。

そのバスガイドは、反論できずに泣き出して、その特定できないというのは「虚偽」であり、会社にそのように言えと指示されたと自白したのである。その場で、過去の証言が虚偽であることは確定し、より詳しい陳述書を作成し、そのバスガイドを証人申請することになった。

そのうちに、そのバスガイドと男性はそのパチンコ店を辞めたが、B市で近くにアパートを借り、男性は大工の修行を開始した。そして、その頃にはバスガイドは子を妊娠していた。

証人の決定も近づきいよいよ正念場となったが、そのバスガイドと男性は出奔してしまい、連絡が付かなくなってしまった。重要な証人が行方をくらまし、こちらも、困っていたところ、しばらくして、実家の母親から連絡があり、山梨県の甲府で夫婦で窃盗で逮捕されているというのである。たまたま、その刑事弁護人が私が関弁連で一緒の委員会で知り合った人物だったので、電話で確認したところ、男性の方は前科があるので実刑になる予定で、バスガイドの方は初犯で前科もないので執行猶予は付くであろうという見通しであり、結果としてはその通りとなった。そして、しばらくして執行猶予の判決が出て、バスガイド本人は釈放され、ようやく2回目の証言が可能になり、身重ではあったが証人に立ち、過去の一度目の証言は虚偽である旨証言した。

しかし、これでも本案訴訟の一審では覆らず、解雇は有効とされたのである。判決の認定によると、二回目の証言は原告代理人の不当な誘導によるもので信用できないということであった。

さすがに、運転手本人も私も落胆し、しばらくは動きが取れなかった。後は何をすべきかということになるが、やるべきことは、一回目の行為の当日にそのバスガイドから話を聞いたというもう一人の友人のバスガイドの陳述書が出されていたので、それを覆すということ、あと、二回目の行為の日は、その運転手とバスガイドは同じバスで行動していたわけではなく、バス数台で修学旅行の案内をしたが、運転手はその後に別の業務を行っていたので、同じ時刻に車庫で会えるはずがないという点で、当初より疑問であった点を明らかにするということであった。

初めの点は、その友人のバスガイドは事件より既に6、7年経過しており、その当時は、実家のある青森に戻って結婚しており、住民票と戸籍の付票をたどって何とか現住地を探し出し、バスガイドに手紙を書いてもらい協力してもらうことにした。そして、私と運転手で青森に出かけ、ようやくその友人のバスガイドに会うことができ、そのような陳述書の内容は事実でないとの再度の陳述書を得ることができた。

もう一つの二回目の行為の日についての運転手とバスガイドの業務内容については、何度も求釈明で会社に当日の運転手とバスガイドとの勤務スケジュールの実態を明らかにするように申し立てていたが、会社はこれを拒み、裁判所も強くは要請しなかったので、二回目の期日に車庫で会ったかは明らかにできなかった（当時は業務の記録について、文書送付嘱託の申立や文書提出命令の申立をしても容易には認められなかった）。

運転手は、修学旅行の高校の生徒を東京駅に送った後で、東京駅で待機してその後コマツアメリカの社員の団体を乗せてホテルオークラまで送っていったということは分かっていたので（自らの業務日誌をつけていた）、バスガイドが何時に車庫に戻ったかが分かれば、時間のずれが立証できるのである。それで、私は、思いついてその高校（九州の女子高校）に修学旅行の記録が残っていないかを確認することにした。その時点で既に7、8年近くが経過しており、まず、残っていないだろうと思っていた。

ところが、電話をかけて確認したところ、残っているという。今と違って一応理由があると思えば比較的容易に協力してくれた。その高校から修学旅行のスケジュール表を送ってもらった。そして、予想通り、午前中に修学旅行生を送って、昼過ぎの新幹線で帰還する予定になっていたのである。

つまり、バスガイドは東京駅に修学旅行生を送って12時30分くらいには車庫に戻っていたのであり、運転手は東京駅で1時過ぎまで待機して、コマツアメリカの社員の団体を乗せ、ホテルオークラに送り、帰庫するというのであって、帰り着くのは2時15分頃になるということが判明した。帰庫するにつき、約1時間45分のずれがある。

これで運転手がバスガイドを誘えるのかという大きな疑問がわいてくる。何より疑問なのは、会社は初めからこの時間のずれを認識していたはずであるということである。

こうして、控訴審では、もう一度バスガイドに3度目の証言に立ってもらい、かつ、もう一名のバスガイドの陳述書、さらには、2回目の行為の日に車庫で会うには1時間45分くらいのずれがあることを示すスケジュール表等、かなり重要な証拠がそろった。これでようやく逆転勝利できた。実に9年かかってしまった。

偽証というのは怖い。運転手一人の人生を駄目にし、さらには、その家族の人生にも大きな影響が出たのである。つくづく偽証の怖さを味わったが、幸運にもそれを覆すことができたのは、その運転手のくじけない精神と私が若くて体力があったことに尽きよう。

ここで、多くの方は何故そのバスガイドが虚偽のことを言い出して、偽証までしたのかを疑問に思うであろう。たわいもないことである。そのバスガイドの前からの知り合いにその運転手と同僚の運転手（母親同士が友人であったらしい）がおり、その同僚の運転手が、当該運転手を嫌い、追い出そうとして虚偽の性関係をでっちあげたということであった。

他方、会社は、当該運転手が真っ正面から物を言い、労働組合の大会でも物怖じせず会社にとって痛いところを突く発言をしていた事を嫌っていた。さらに労働組合も典型的な御用組合であり、組合の幹部が復帰すれば、会社現場の管理職となって昇進していく慣行であった。

少なくとも会社は、比較的早期にそのバスガイドの主張はおかしいと気が付いたはずであるが、その運転手がいなくなれば、会社としても都合がよいと考えて、何とかしてその運転手を辞めさせせようとしたのであろう。

とにかく、9年間という長い時間をかけ、逆転で勝利したことで私も責任を果たせたという安堵感で一杯であったが、失われた9年間はその運転手や家族には重い9年間であった。

(2) 痴漢による懲戒解雇事件

一時期、痴漢による解雇や痴漢のえん罪が話題性を持った時期があったが、これは痴漢をしたこと自体は争う余地がなく、現行犯逮捕であり、それによる懲戒解雇及び退職金請求の事件である。

勤務先会社は社員が痴漢で逮捕・勾留されていることを知るのはそれ程多くは

ない。というのは、都道府県の迷惑防止条例は常習の痴漢と常習でない痴漢との区別があり、刑罰の重さも異なる。当初の痴漢は殆どが罰金刑で終わり、否認をしていれば10日位逮捕勾留されることになるが、認めれば罰金刑で終わると共に、逮捕当日または翌日に釈放される。

つまり、はじめの頃の常習性のない痴漢は自白すれば発覚しないのであって勤務先は無断欠勤はしても病気くらいに考えて問題にはしない。ところが、3回目、4回目の逮捕になると常習の痴漢となり、懲役刑の対象となり得る。そうすると否認すれば無論、認めても逮捕勾留が最長で23日も継続することになるが、さすがに、勤務先もこれだけ欠勤が続くとすれば不自然と考えて、事情が分かることになる。3回目、4回目の痴漢だと懲役刑となって懲戒解雇の対象になる。

なお、1回目、2回目の痴漢であれば罪状が余程酷くなければ懲戒解雇するのは無理というのが常識となっている。

私の担当した事件は、実は電鉄会社の社員であり、当時は電鉄会社は痴漢撲滅運動を展開していたが、その電鉄会社の社員が電車内で4回目、5回目の痴漢をして逮捕されてしまったのである。

無論、勤務先会社にはそのことが判明した4回目の時は、当然懲戒解雇を検討していたが、本人はどうしても残して欲しいと懇願して、この次やったときは懲戒解雇は受ける、争わないと覚悟を決めたという事情もあり、降格と出勤停止のダブルの懲戒処分を実施した。

それでもその社員は電車の中で痴漢をしてしまったのである。全くどうしようもない事案であり、本人は全てあきらめて、懲戒解雇処分を呑んで解決したはずであった。

ところが、家族は退職金をあきらめきれなかったのである。退職金は約９００万円あり、本人もおそらくは妻の意向に逆らえずに、懲戒解雇無効、退職金の請求訴訟を提起した。

これには実は裏の事情もあり、その社員は会社からの住宅ローンのための融資を受けていたので、懲戒解雇となり、その返済の必要もあったのである。それについては、社員は当然に返せないが、その代わりに、会社は回収できない場合に備えて損害保険に入っていたのである。

そして、会社は保険会社から代位弁済を受けて、返還請求権を保険会社に譲渡した。ここで問題が起こったのは、これまで保険会社は譲り受けた返還請求権を行使するということは行っていなかったのであるが、その事件の頃は、保険会社も急激に業績が悪化していたので社員に求償してきたのである。

会社がその損害保険会社から返済を受けるに当たってその社員の妻は不安になり、会社の人事部に問い合わせをして保険会社が求償するのかを確認したところ、その社員は、これまでの経験から保険会社が求償するということはないと思う旨の回答をしていた。そのような甘い見通しを伝えたので、妻は怒ったのである。懲戒解雇され、収入がなくなり、退職金は全額没収され、さらに会社からの住宅ローンについては損害保険会社から一気に全額の弁済を強いられ、家計を預かる妻としては懲戒解雇を争い、退職金の支給を請求して争うしかなかったと思われる。社員本人は法廷には出頭したが、真に気まずそうであった。無理もないであろう。それで訴訟については、私は、会社側の代理人としてこのようなことで負けるはずがないとある意味で油断していたが、一審東京地裁では、懲戒解雇有効、退職金請求棄却であった。

ところが、控訴審の東京高裁では、懲戒解雇は有効、しかし退職金は3割払えという青天の霹靂ともいうべき判決が出たのである。

これについても裏話があり、私は当然勝つと思っていたし、会社もこのような社員に退職金は支払えないという考えであったが、判決前に和解勧告があり、裁判所（右陪席判事）から1割はどうかという提案は受けた。個人的には、多少、気持ちは動いたが、会社の担当者は断固拒否であったので、お断りした。和解を担当した右陪席もやむを得なさそうな態度であり、私は勝ったと思っていた。

ところが、その右陪席の態度とは裏腹に、退職金を通常の場合の3割支払えという判決であった。確かに、痴漢は業務の過程で行ったものではないから、退職金とは関係が無いという論理は成り立たない訳では無いと思うが、かといって、5回目の痴漢行為で起訴されて有罪になった者に一部とはいえ退職金を支払わなければならないのかというと、そんなことはないであろう。

この判決の結論については未だに納得はしていない。また、この事件は、いろいろな所で紹介されるらしく、関係した方々はみんなあれは酷い判決であると私に同情してくれる。

しかしながら、この高裁判決に対する上告、上告受理申立は、いずれも棄却、不受理却下されてしまったし、これ以降、痴漢や強制わいせつに対する懲戒解雇の場合に退職金は一定限度支払えという判決が何個か出ている。

私の常識と裁判所の常識は明らかに差異がある。

（3）建物明渡請求事件

私が弁護士になって1年目に、ある資産家の年配女性が事務所に相談に来られた事件であるが、初めは、姉妹3名間の遺留分減殺訴訟の事件であったが、これはこれでうまく解決した。

ところで相続で取得した赤坂の土地（60坪くらい）には二棟の木造のアパートが建っており、1つが2世帯、1つが4世帯が入っていた。

昭和61、62年当時は、正にバブルの絶好調の時で、どんどん地価が上昇しており、三菱地所がロックフェラーセンターを、故横井英樹氏がエンパイヤステートビルの所有権を取得したという報道があり、日本が世界経済の頂点に立とうとしていた時期である。

弁護士の中にもそのバブルの恩恵を受けていた方はたくさんおり、凄く羽振りが良かった。ある人は、大きなビルの売買（数十億円くらい）に際して、契約書や図面をチェックして売買契約に立ち会っただけで、おそらく2、3000万円の報酬をもらったらしく、1年分の経費が出たと喜んでいた。

また、練馬の大地主の遺産分割（時価は推定で60億円位）を頼まれた弁護士が、何にも動かないので不安になった依頼者が相談に来て、その弁護士に早くやってくださいと何度催促しても「大丈夫だ」と言うばかりで何もせず、毎晩銀座に飲みに出かけて3か月も何もやってくれない、それで、他の弁護士の所に行くと言いに行ったら初めてまともに対応してくれて、着手金としてとりあえず「6000万円、そのうちの半分は裏で（課税されないように）」と言われて怖くなり、相談に来たと言ってきたのである。この依頼者は、事務所の顧問会社である建設会社の方が、相談のついでに連れてきた方だったので、正式な相談ではなかったが、その6000万円の着手金を請求した弁護士が嫌であれば辞めてもらえば良い。ただし、一旦は頼んだ以上は、着手金はゼロというわけにはいかないので、その20分の1くらいは支払ったらどうかというアドバイスをさせてもらったことがある。

その後どうなったかは知らない。いずれにせよ、バブルの真っ最中は日本の不動産は異常に高額になり、同期の弁護士でももはや東京で一軒家はもてないので、遠くに家を買おうとする者も何人かはいた。

なお、この当時は、いわゆる地上げが横行していた時期であり、地上げ屋からこの赤坂の60坪の土地が狙われたのはいうまでもない。地上げ屋はボスと私がその土地所有者の代理人であることが分かったのであろう。私に話を聞いて欲しいと申し入れがあった。つまり、その土地を地上げするので底地を売って欲しいということである。

一応お会いして話を聞いたが、この土地は、元の相続開始時の路線価では1億2000万円であったが、その業者の提示した値段は底地で30億円出すというのである。私も30代後半であったが、その金額には驚き、悪い話ではないと思ったことはよく覚えている。

しかし、その依頼者は先祖伝来の土地を売るつもりはないということでことわった。ところが、その業者は、嫌ということであれば、日本橋蛎殻町にある新築マンション（10数世帯の入れる4階建てくらいのマンション）を持っているので、その一棟と交換しようと提案してきた。

これも良い条件であるように思われたが、依頼者はこれも拒否した。先祖伝来の土地を手放したくはないというのである。これが後の私文書偽造、詐欺事件につながることになる。

話を赤坂の建物に戻すが、その木造アパートの一つは、4世帯はうまく退去してくれたようで良かったが、残りの1棟の木造アパートは問題であった。1階は年取った女性が1人で住んでおり、賃料不払いで明渡し訴訟を提起しなくてはならなかった。明渡請求後、判決にいたる前に、その居住している女性の関係ある税理士が出てきて、「今時立ち退くのに立退料がないというのはおかしい。１０００万円でどうか。支払ってくれないのであれば、第三者をそこに住まわせても妨害する方法もある」と言ってきた。

この時点で私は占有移転禁止仮処分は掛けていなかったので、慌ててその処分をもらった。その上で、判決をもらうことになったが、その税理士は慌てて電話をかけてきて「私を欺しましたね」と吐き捨てるように述べた。ずっと、賃料を滞納しているにもかかわらず、立退料を支払えというのはあまりにも酷い。私も占有移転禁止の仮処分を予め掛けておくべきであったと反省した。

ところで、その建物の2階は会社に賃貸しており、実際は社長1人が出入りしていたにすぎなかったが、これも賃料が滞りがちではあった。今度は、占有移転禁止の仮処分を掛けて明渡しの訴えを提起したが、すぐに遅れた4か月分の賃料を供託してきた。すぐに供託してきたので、訴えはすぐに東京地裁の民事調停部へと回され、借地借家の民事調停事件となり、それから実に10数回の調停期日が始まったのである。

そして、その調停時も2年近く経ち、仮処分を出した裁判所から仮処分を継続することが必要か否かの回答をしなければならないために、土地と建物の登記簿謄本を提出しなければならないので、事務局に謄本を取らせてみたところ、登記中であるということで入手できなかった。

依頼者に伝えたところ、全く心当たりがないという。そこで、依頼者らが慌てて登記所に出かけたところ、なんと、土地と建物の売買により移転登記請求がなされているというのである。

結局、これは無権利者がその依頼者になりすまして、文書を偽造し、第三者に譲渡するということになっているということが分かり、それが登記手続中に判明したということである。その買受人は、前述の地上げ屋で30億円の提案をした者から周囲の土地を引き継いだ地上げ屋ということであり、偽造して売却しようとしたのは暴力団関係者数名と共犯者としての弁護士1名であった。さすがに大きく新聞に報道され、暴力団関係者は逮捕された。その弁護士も逮捕され、弁護士会から除名された。

その後も調停は続いたが、既にバブルは崩壊しかかっていたが、なかなか地上げの業者もまだたむろしていたこともあり、おそらく賃借人はそれを期待していたのであろうが、6畳2間とバストイレ付きの木造アパートで、立退料として何と5億円と提示してきた。当方はバブルが崩壊して通常の価格でいけば、1月7万円の賃料で12年の賃料は約1000万円になるので、それに若干の上乗せでよいと考えていたが、その約50倍の提示をされてしまい、不調となった。

その後、どうなったか記憶していないが、調停は不調で訴えを取り下げて、何年かして立退料無しで解約したのであろうと思う。おそらく、その賃借人は周囲が地上げに遭い、その土地を地上屋が狙っているという情報を聞きつけ、地上屋と通謀してその土地を売らせようと画策していたように思われるが、その証拠はない。今は、その土地は、その依頼者が60坪の土地に2つの小さなビルを作って賃貸しているが、時々その前を通るときには、あのとき30億円で底地を売却するか、日本橋蛎殻町のマンション1棟をもらっていたら依頼者はどうだっただろうかと空想することがある。

刑事事件

刑事事件は殆どやっていないので評価のしようがないが、それでも弁護士駆け出しから5、6年くらいは国選弁護をやっていた。都合15件くらい担当したが、これでも2回は否認又は一部否認した事件を担当した。

無論、無罪を貰うことはできなかったが、自分としては無罪と思っている。1件は恐喝未遂事件であり、法人に対する恐喝事件であり、法人に対する恐喝は、その恐喝の意思表示が法人の代表権ある者に到達しなければならないと大塚仁（名古屋大学名誉教授）の刑法概説（各論）に書いてあったので、法人の担当者に対する恐喝行為しか立証されていなかったという理由で無罪を主張した。

最終の弁論でその主張をしたら、検察官はあわてて、法廷で大塚仁の本を出して確認していたが、そのように書いてあるので真っ青になった。相当あわてたのであろう。しかし、結論は有罪であり、その点に対する何らの理由もなかった。但し、その点を加味してくれたのか、懲役4年の求刑に対して、減刑して2年10月の執行猶予4年という寛大な刑であった。

もう一つは、窃盗事件であったが、交番の前で人が倒れており、それを見て、被告人が、財布を奪おうとして財布を奪い、自分の懐に入れようとしたところ、交番の警察官に見つかって慌てて財布を落としてしまい、そのまま捕まったという事案である。起訴は窃盗既遂であったが、私は、それは財布を抜いたが、自己の物として占有を確保するに至っていないとして未遂であると主張したのである。この弁論に対しては、裁判所は問答無用で既遂と判断した。今でも納得はしていない。

■偽証の問題

民事事件では多くの場合、偽証が為されているのは極めて残念なことである。証人は宣誓してから証言する。証言が嘘であれば偽証罪が成立し、犯罪に問われるはずであるが、日本では、少なくとも偽証がなされていると思われる多くの訴訟でも、実際には偽証罪の適用はない。

確かに、結論から押して証言が虚偽であったかどうかは決められていくのであろうが、そうだとすると、うまく裁判官を騙して勝利した当事者は如何に偽証しても罪にはならないことになってしまう。これでよいのかと思う。それに手を貸していると思われる弁護士もおそらく多々いるのであろう。おそらく検察官も有罪判決をとるためにかなりの割合で偽証させているような気がする。偽証させているというのが言い過ぎであれば内容が虚偽であることを知りながら訂正させないということであろう。果たしてこれでよいのであろうか。

偽証が判明したら厳しく処断しなければ偽証は蔓延してしまう。偽証は極めて誘惑的であろう。何故なら、本来支援している当事者が負けるはずの訴訟が、その偽証によって勝利するかもしれないのである。その偽証によってその当事者から何かのねぎらいがあるかもしれないのである。その場合には正義は負けるのである。

それであるが故に、そのような考えを起こさないように厳しく処罰しなくてはならないのではないであろうか。弁護士に成り立てのときからそう考えてきたが、約40年たってもその傾向は一向に改善してこない、否、寧ろひどくなっているように感じるが、極めて残念である。

証人が偽証し、弁護士、検察官がそれを放置すれば裁判官は誤った判決を書いてしまう。正しい者が負け、虚偽を主張した者が勝つことになるが、これでよいのであろうか。司法による正義の実現は成立しないことになる。一民間人がどうしようもないにせよ、これが現実ではなかろうか。この悪い傾向は早く是正されねばならないが、今だにその傾向はない。最近の政府や役所、元役所（郵政等）の不祥事関係を見てくると、中央政府の高級官僚が平然と嘘を言い、証拠を隠蔽し、実に変造・偽造している実態まで明らかになってきているが、それに対する制裁も寛大であり、事実の究明は不十分で益々隠蔽体質がはびこっているような気がしてならない。

本来は、これを糺すのが弁護士の役割のように思えるが、一民間人である個々の弁護士では批判するくらいしかできず、そのような国家の体質は変わりそうもないのは残念である。

若い弁護士の方やこれから法曹・弁護士を目指す方は、是非、この意味での正義感を強く持って欲しい。虚偽によって勝利しても、決して喜びは沸いてこないと思われる。

第6章

地方出張の魅力

弁護士事務所にもよるが、他の職業に比べて地方出張は多い。これは大きな魅力であったが、今は、Ｗｅｂ会議等により、地方出張の回数は大幅に減り、その魅力もなくなりつつあるのであろう。私もとんと地方出張がなくなった。一時期は、地方出張によって弁護士の間でもマイレージをためる競争をしていたが、そのようなことはなくなったのではなかろうか。若い弁護士は、仕事に追われ、ゆっくり地方出張を楽しむ余裕もなくなったのであろう。

もう亡くなってしまった方であるが、先輩弁護士で地方出張が多い事件を共にした方が、山登りが趣味で、月曜日の法廷があるので、前日登山を楽しむというので、愛人と一緒に山登りを終わって、登山服で街中を2人で歩いていたところ、相手方の弁護士数人とばったり鉢合わせをしたことがあったらしい。法廷では丁々発止の激しいやりとりをする間柄なのに、その時は知らない振りをして通り過ぎたということである。武士の情けというところであろうか。

地方出張も魅力のひとつ

弁護士の仕事も多種多様であるが、私も若い頃はかなり地方出張が多かった。今は、コロナの影響もあって、ズーム会議や電話会議も多くなり、便利にはなったものの、おもしろみもなくなった面も否定できない。

私は、じん肺訴訟関係で多くの地方出張の機会に恵まれたし、また、労働関係を専門にして訴訟やセミナーでの地方出張も多かった（じん肺とは、金属鉱山、石炭鉱山、トンネル工事等の作業に従事した労働者が粉塵を吸入して30年、40年たってからその粉塵が繊維化を起こすために肺機能障害を起こして酷い場合には死亡するという恐ろしい病気である）。

トンネルじん肺訴訟は、多いときには全国の22地裁で訴訟が提起されていた。そのため、私も最大で8〜10地裁には出張しており、毎日のように各地に出張していた時期もあった。

なお、私のこれまで約40年間の地方出張であるが、近場である東京、八王子（20回位）、立川（30回位）、埼玉（150回位）、千葉（80回位）、横浜（150回位）

は除いても、地方出張（北は女満別、旭川から、南は鹿屋、那覇まで）。の回数は約500回位あったと思う。

北海道	旭川	4
	札幌	60
	女満別	1
	北見	1
	函館	10
	岩見沢	1
	赤平	2
東北	仙台	40
	盛岡	8
	山形	3
	郡山	10
	青森	2
	二戸	1
	福島	2
	磐城	15
	新庄	3
関東	宇都宮	15
	栃木	10
	高麗川	4
	越谷	7
	東松山	2
	高崎	15
	熊谷	5
	川越	10
	鹿島	2
	木更津	3
	足尾	3
	鹿島	1
	水戸	10
	小山	2
	筑波	2
	君津	5
甲信越	新潟	30
	長岡	2
	燕三条	2
	長野	5
	松本	3
中部	津	5
	浜松	15
	沼津	15
	静岡	10
	伊勢	2
	名古屋	10
	四日市	2
	富山	7
	金沢	3
	高岡	2
	氷見	1
	福井	1
関西	大阪	50
	尼崎	7
	守口	5
	奈良	2
	堺	5
	京都	20
	神戸	10
	大津	3
	長浜	1
中国	米子	2
	福山	2
	児島	1
	姫路	2
	松江	10
	岡山	7
	広島	10
	下関	1
四国	徳島	15
	高松	7
	松山	10
	高知	5
	四万十	2
九州・沖縄	福岡	30
	小倉	5
	飯塚	80
	長崎	5
	佐世保	4
	佐賀	5
	大分	20
	鹿児島	10
	熊本	2
	鹿屋	5
	鳥栖	5
	延岡	1
	那覇	10

地方出張が何故魅力的なのかを考えて見ると、やはり、観光気分が味わえるからであろう。

飛行機や新幹線に乗るという軽い緊張感、駅弁の選択、その地方ならではの観光名所、うまい郷土料理等、仕事をさぼらない限りで自由にすることができる。しかも、費用は事務所持ち、依頼者持ちが多く、自己負担は少ないであろう。

特に独身の頃は、金曜日や月曜日に出張があれば、土日を挟んで十分な観光をする時間があるわけであり、得をした気分になる。

弁護士の業務は過酷であり、普段の生活はあまり楽しいものではないと思うので、地方に行ったときにはゆっくり、のんびりと休むことができれば気晴らしになってよいと思う。

その意味では遠隔地の方がよく、近場の千葉、埼玉、横浜などでは到底休んだ気分になるものではない。

第7章

弁護士会の委員会活動

1. 弁護士会の委員会活動とは

日弁連や地域ごとの弁連（関弁連、近弁連、中部弁連等の地域ごとの各弁護士会の連合体）はもともと活動は活発であり、やるべきことは多い。弁護士会は、その使命が「基本的人権の擁護と社会的正義の実現」という極めて崇高な内容であり、やるべきことは山程ある。

日弁連で委員会はＰＴ等も含むと１５０位あり、私の所属している東京の単位会の弁護士会も３つあるが、それぞれ70～80の委員会がある。

弁護士は、法律相談や訴訟事件といった本業とともに、弁護士会に所属している以上は委員会に所属して委員会活動を行う必要がある。なにか弁護士会の活動をやっていると良いことがあるのかといわれるが、経済的に見ればよいことはないし、むしろ、持ち出しである。しかし、お互いに知り合いになれば仕事が回ってくるという間接的な意味はあるが、あてになるものではない。

私も、日弁連・関弁連・単位会の弁護士会の各種委員会に参加して約35年位は活動してきたが、当初は環境保全委員会一筋であった。その中でも日弁連の公害対策・環境保全委員会の活動が長く量的・質的にも充実しているが、関東弁護士会連合会、単位会の弁護士会等でも多くの委員会活動に従事してきた。その単位会の弁護士会では環境保全委員会ばかりでなく、いろんな種類の委員会に所属してきた。

弁護士は、一人で仕事をすると、どうしても自分の意見に凝り固まり、他の者の意見に接する機会が無いので、唯我独尊に陥りやすくなるのは否定できない。若手の弁護士は、早目に、より多くの委員会に参加して、仲間・友人を作り、情報交換をし、意見を交わすべきである。それと、ずっと1つの委員会に埋没するのもよくないと思うので、複数の委員会には入っておいた方がよい。

何故なら、その委員会の活動は、弁護士会全体から見ると必ずしも中庸の立場ではなく、独自の立場になりがちであるが、弁護士会も多くの活動があり、それぞれの立場があり、総合的な立場からの判断が必要であるときが多いものである。所属している委員会の意見のみに固執すると、バランスを欠くことになりかねない。少し離れた立場からながめると必ずしも中庸の意見ではないことが分かるのである。

2. 公益活動としての委員会活動

委員会活動は、弁護士個人が好きなテーマを選んで行うものではあるが、人気のある委員会には人数制限があって、委員会によっては参加できないものも出てくる。単位会での人気のあるテーマは、日常の業務と直結している委員会である。確かに、日常業務と同じテーマであれば勉強もしやすいし、実際に役に立つ。

3. 委員会活動の公益的な役割

委員会活動が公益的役割を有しているものも少なくない。懲戒委員会、綱紀委員会、適正化委員会、紛議調停委員会、法律相談運営委員会などであろう。このような言い方をすると刑事弁護委員会は違うのか、人権擁護委員会は違うのかというような反論があるかもしれない。それらの委員会が公益的な役割を果たすこともあることは否定しない。

しかし、若干ニュアンスが異なることはお気づきだろう。私が挙げた懲戒委員会、綱紀委員会、適正化委員会、紛議調停委員会、法律相談運営委員会は、おそらくは担当弁護士の日常業務としてそれらの委員会活動と同様または関連する活動はおそらくないのではないかと思われるし、その結果、日常の業務を行うにあたっての直接的なメリットはおそらくないのではなかろうか。

それに比して、例えば刑事弁護委員会は、その内容はみずからが刑事弁護をする上でプラスになることも多いように思われるし、場合によっては難しいと言われる被疑者・被告人の弁護人の業務が回ってくる事もあるように聞いている。

人権擁護委員会も刑務所の囚人らからの通報が多いのは事実であり、その意味では自らの業務に直結することは少ないかもしれないが、他の外国人の人権問題やALSのような難病の罹患者の人権問題、LGBTQのような差別問題、刑事再審の場合の被害者の人権問題も広い意味での人権擁護問題と捉えれば、それに関連する業務について知識も経験も豊かになるという意味では純粋な公益活動とは言いにくい面があると思う。

そのような公益的役割を担っている委員会の場合には、弁護士会活動は、個人の弁護士としての業務には直結しないものである。その場合には公益活動として位置づけられる。

現在、弁護士会は、弁護士会員に対して日常の業務以外にも公益活動を行うことを義務づけている。弁護士法1条に定められている弁護士の本来の業務は基本的人権の擁護と社会正義の実現であるから、業務としてお金を稼ぐ反面そのような活動が必要となるのである。


このように、若者が弁護士を志す場合には、弁護士の持つ公益的な役割を自覚し、日常の仕事の傍ら、弁護士会の委員会活動等にも力を入れることが望ましいし、おそらくはそのことが、弁護士としての幅を広げ、信頼を勝ち取り、依頼者にとって頼りがいのある弁護士とうつることにつながるのではないであろうか。

なお、少なくとも東京三弁護士会では、会員に公益活動を義務づけ、国選弁護や法律相談、司法委員、調停委員に就任する他に、弁護士会の各種委員会の出席等を義務づけ、それを怠り、1年間その義務を果たさなかった場合に、公益活動負担金として1年で5万円の支払いを義務づけている。

これは如何なものかと思う。公益活動が弁護士の義務だとして、それを行わなかった者に対して金銭で代償を支払わせるという仕組みであるが、本来公益活動は自主的にやるものであり、公益活動ができない弁護士を責める、非難するというのは本来の公益活動の趣旨から外れるのではなかろうか。

若手の弁護士で所属している事務所の業務の都合で弁護士会の委員会への出席ができない場合も多いであろうが、これを非難するのはどうかと思う。私も勤務弁護士時代、やはり、ボス（雇用する弁護士）や先輩弁護士と一緒に仕事をしなければならないので、行かなければいけないと思いながらもその委員会には出席できなかった経験が多くある。

決してさぼりたいと思って出席しないわけではない。申し訳ないと思いながら欠席してしまうのである。その意味では、この負担金の制度は如何かと思う。5万円という金額は、若手の弁護士からすれば、決して軽いものではなく、重いと感じる者も少なからずいるであろう。

私は、少なくとも若手弁護士が自立し、経済的にも基盤を築くと思われる弁護士経験15年未満の弁護士については、公益活動負担金を免除すべきであると思う。

4. 私の経験

ここでは、私の委員会活動を披露させて貰う。以下、その委員会での活動を紹介をするが、日弁連の委員会は150位あり、東京三弁護士会の単位会での委員会も70~80あると思うので、私の経験はそのごく一部であることをおことわりしておく。

それでも、自分としては、これらの委員会活動は概して充実したものであったと思うし、委員会によっては激しく意見が対立する場合もあるが、真摯な青くさい議論ができることは素晴らしいことであると思う。

（1）日弁連の公害対策・環境保全委員会での活動

私は、単位弁護士会から推薦されて日弁連公害対策環境保全委員会、関弁連公害対策委員会、単位会の環境保全委員会の3つの委員会に所属することになった。実に長い期間これらの委員会に関わることになった。

本音を言えば、派閥からの推薦であり、前任者が辞めて空席ができたからポストが回ってきたのであって、決して希望したわけではなかったのであるが、やはり大学時代にボートをやり、退部後は個人的に登山をかじったことがあったので、自然との付き合いは好きで何となく野外活動も含まれるような委員会活動に参加していくことになった。以来、日弁連は通算20年、関弁連は通算14年、単位弁護士会では現在もやっているが、通算24年所属した。

公害・環境保全委員会の活動の特徴は、現地調査が多く、また、特に行政官庁に対するヒアリングが多かったことが挙げられる。現地調査は、都合50回くらい出かけており、強く記憶に残っている。

行政官庁に対するヒアリングは、正確な記録はないが、建設省（現国土交通省）、地方建設局、農水省、厚生省、環境省（当時は環境庁）、東京都庁、長崎県庁、島根県庁、新潟県庁、仙台市、小山市、山形市、全農等20数カ所は行っているように思う。特に建設省（国土交通省）、農水省、厚生省、環境庁（現環境省）は数回ずつヒアリングを実施したり、執行したりしていると記憶する。

また、日弁連の人権大会シンポジウムや関弁連の定期大会シンポジウムについては一時期毎年のように実行委員会のメンバーになっていた（日弁連の方は都合4回、関弁連の方は都合5回であり、報告書の執筆原稿も9冊で計350ページ位は執筆したと思うが、これも一つの自慢である）。

これらの活動で得た最大のものは何と言っても委員会仲間との友情である。

日弁連では、その委員の熱意ある議論とボランティアでありながらその厳しさに感心した。とにかく無報酬で全て自分持ちであるにもかかわらず、激しい議論が多く、また委員会の時間が長くてあきれたこともしばしばであった。

他方で、行政に対してこれだけ厳しい意見が言えるのは日弁連しかないということを再認識した。その意味で、弁護士会、とりわけ日弁連が行政に対して厳しく意見を言うことの重要性が分かった。

この世の中で、政府や地方自治体に対して、真っ向から全面反対の意見が言えること、少なくとも政府・行政も一応耳を傾けてくれるのは弁護士会、とりわけ日弁連くらいのものではなかろうかと思う。それだけ弁護士会の意見は重要だと考えるべきであると思う。

日弁連がどれだけ行政から警戒されているのかを示すエピソードがあったので紹介するが、私が、委員会の現地調査活動やヒアリングで記憶に残っていることをお話ししよう。ただし、あまりにも多くの事柄があり、さらに20数年経過しているので、細かい部分は忘れてしまったことは承知して欲しい。また、膨大な時間をつぎ込んだ活動であるから、かなりの分量になるが我慢して頂きたい。

■水問題

当時（平成6年~10年頃）、私は日弁連の公害対策環境保全委員会の中の水部会長または全体委員会の副委員長をしていた。また、1年という短い期間であるが、諫早湾干拓事業のプロジェクトの事務局長を務めたこともある。この当時は、日本の環境保護活動がかなり盛り上がった時期であり、環境の保護、公共事業に対する非難が高揚していた時期であった。私が深く関わったのは、長良川河口堰問題、中海干拓問題、諫早湾干拓問題である。

i 長良川河口堰問題

これについては委員会の中で、平成7年に長良川プロジェクトチームを作り、その副座長であったと記憶する。最終的には、利水、治水、環境のいずれの観点からも長良川河口堰は必要はなく、既に完成して運用を開始していたので、川の水をせき止めずに開門をせよという意見書を書いたが、その意見書を書くために必要な資料を収集するために名古屋市にある中部地方建設局の事務所に出かけたが、4人しか調査団はいなかった。

真夏の暑い日であり、建設事務所の庁舎に出かけたところ、ホールのような大会議室に通されて70名近くの職員が待機されていたのには驚いた。中部地方建設局の方は、我々が少ないのに驚いた様子であった。約1時間少しの調査であったが、中部地方建設局から提供された資料は膨大であり、長良川河口堰建設に関する環境シミュレーションや調査報告書、構造図面などの4㎝くらいの厚さの書類を8冊くらいにバインダーに綴じて1名ずつ配布された。その資料には数多くの図面がついていたが、驚くべきことにその図面の大半がカラーコピーであったことである。当時カラーコピーは1枚100円くらいはしていたと思うが、それが何百枚分、その資料の中に多数含まれていた。

無論、その場でその資料を精査するわけでは無いので、それを持って帰るのであるが、1名につき8分冊もあり、ビニールの袋に入れて両手に抱えて持ち帰ったが、あまりの重さに、袋のひもが切れてしまう者もいた。何とかするために10分程の距離にある愛知県弁護士会の建物まで汗だくだくで運び込み、そこから事務所まで宅急便で送ることにした。とにかく中部地方建設局のあの気合いには驚かされた。

当時、長良川河口堰問題は、かなりマスコミも全国規模で取り上げ、環境問題の中核となっていたので、そこに日弁連が調査にくるというのは建設省（当時）とすれば大変な事態だったのであろう。後に、弁護士で国会議員であった東京選出の弁護士から、日弁連は過激な意見が多い、特に、環境委員会の意見は激しすぎるという非難を浴びたことがあり、日弁連としても抗議を申し入れたことがあったと記憶するが、その非難の中核となったのが長良川河口堰問題の意見書だったということである。

ii 中海干拓問題

これは、突然島根県が打ち出した宍道湖中海のうちの中海について干陸するという事業計画であったが、これについては、経済的な合理性が無く、日弁連も現地調査の上で工事実施に反対したが、政府もこの計画を撤廃した。

日弁連としては、調査に出かける前に地元の弁護士を通じてPRしていたこともあり、非常に多くの報道陣に囲まれた調査であった。特に、中海の地理の状況を見るために、高い丘から中海を一望できる所で会見に応じた時には、テレビカメラを持って日弁連の車に3台くらいがついてきており、インタビューを受けた。さらにヘリコプターで上空から撮影してきたのは恐れ入った。島根県庁、松江市役所、大

中海

根島（大根役者の由来のある島、喜劇俳優の亡白木みのる氏の出身地）の町役場や住民団体をヒアリングしたが、行く先々にマスコミの方達がついてきた。住民運動の中核にいたのが島根大学の保母名誉教授であった。

3か月後くらいに、干陸を中止するべきである旨の日弁連の意見書を出した。私も、初めて日弁連の正副会長会、理事会で説明員として出席した。特に問題なく意見書は承認された。環境庁（現在環境省）に意見書を執行し、記者クラブで鈴木堯明委員長とともに水部会長兼調査団長であった私が会見したが、それがテレビ撮影されて、松江では19時のテレビニュースのトップニュースとして放映されたということである。私は残念ながら見てはいない。

結果としては、日弁連だけではなく、種々の反対意見もあり、その事業計画は中止された。

iii　諫早湾干潟の干拓

これが、私にとっては最大の調査案件であった。

平成9年に、いわゆるギロチンと言われて諫早湾の潮受堤防が閉め切られたのを覚えている方もおられよう。その潮受堤防の閉切りによって、日本最大級の干潟である諫早湾干潟は失われた。

これも昭和30年代の初めに作られた計画であり、何度も目的を変え、計画を変え、予算を変えて登場してきたが、最終目的は、潮受堤防による防災目的であった。諫早市は昭和32年に大雨による諫早大水害にあっているが、それは、海からの満潮のために海から海水が遡上してきて川の水を流すことができないために市街地に水が

諫早湾干潟の干拓（潮受堤防）

あふれて水害が起こったといわれている。そのため、潮受堤防により海水の遡上を防ぐことができればスムーズに水は排出できるということである。そのような防水のみならず、海水が来なくなった干潟を干拓して農地に変えることにより農作物の生産性を上げる、湾に溜まった水は淡水となるから農業用水としても使えるというものであった。

しかし、そのため、日本最大級の干潟が消滅し、魚類等の海洋生物の消滅、渡り鳥のえさ場としての意義の消滅等、環境的にも、生物学的にも、水産物の観点からも大打撃であるとして日本海外からの批判を受けた事業であった。日弁連としては、情報が入ってきたのが遅かったこともあり、動き出したのが潮受堤防のギロチンにより干潟に海水が遮断された状態になってからであった。あまりにも初動が遅かった。

それでも日弁連は、特別なPTを設けて（私は事務局長であった）、検討を開始し、農水省、建設省（現在国土交通省）、環境庁（現在環境省）、長崎県、諫早市や住民団体にヒアリングをし、その上で、日弁連会長の鬼追明夫氏（故人）を団長に諫早市に乗り込んだ。私も3度、諫早湾には足を運んだ。

地元弁護士会に行き、地元の弁護士の方達と共同し、長崎大学の農学部の教授の話をお聞きし、農協、漁協、住民団体（推進派）と住民団体（反対派）の意見を聞いた。平成9年秋であったと思うが、何とか日弁連の意見書を作成した。この時も、私は意見書の説明員として日弁連の正副会長会、理事会に出席し、揉めることはなく承認を受けたと思う。傑作なのは農水省への意見書執行の時である。

農水省は、鬼追日弁連会長が現地調査に乗り込むという時点では、課長クラスが自ら説明するとして下手に出ていたが、その後、日弁連が潮受堤防を開門すべきという意見を出すや、全く冷淡な態度に変わっており、無視していた。その意見書の執行時に事前の報告をしており、しかも、日弁連副会長、鈴木堯明委員長、事務局長の私が出向いたにも拘わらず、農水省は部屋すら用意しておらず、しかも、係長クラスの職員が1名で入り口の椅子もない場所で受けとっただけであった。しかも、今でこそ、クールビズが浸透し、夏は上着なし、ノーネクタイであるが、当時はそのような慣行はなく、また、執行にきた日弁連側は上着を着てネクタイを着用していたにも拘わらず、その職員はネクタイこそしていたが、上着すら着てこなかった。失礼の極みである。

諫早湾干拓は、内外の批判を受けながらその後も続行し、干拓は終了して、高級野菜が栽培され出荷されているようである。我々の意見書では、塩分を含んだ土地には野菜は育たないと述べたが、十分な土壌改良をしたのであろう、その干拓地には立派な高級野菜が育っているようである。ただし、最近の報告では、その干拓地には当初41営農者が入職したが、これまでに13営農者が撤退、新規を加えて35営農者に農地がリースされているという。私たちが現地で調査したときに、入職の希望を出してその干拓地で営農をするのを非常に楽しみとしていると、生き生きとして目を輝かせて発言していた20代の若者は今どうしているのかと想像をめぐらせている。

他方、潮受堤防の外では、予想通りタイラギ等の巻き貝は壊滅的な被害を受け、さらには有明海全体のノリの品質が著しく落ち、豊饒の海であるはずの有明海の漁業にもかなりの影響が出ているということである。

iv 海外調査

日弁連でも関弁連でも公害対策・環境保全委員会の活動が魅力的なのは、現地調査があるからではあるが、活動をすればする程日本国内の現地調査では物足りなくなる。私は、日弁連でアメリカ西海岸（シアトルに入りサンフランシスコから戻る）の調査旅行（約2週間）、関弁連でイギリス・スウェーデン（10日間、ロンドン、コッツウォルズ、ストックホルム等）、関弁連でスウェーデン（10日間、ストックホルム、ヨーテボリ）と3回の調査旅行をした。

本当は、これ以外にもドイツ、オランダやアメリカ等にも何度か魅力的な海外調査があり、参加したかったが、事務所をそんなにあけるわけにはいかないこと、子どもが小さく手間がかかるために行くのを断念した。このようなチャンスはそうそうあるものではなく、若いうちは環境が許されれば、できれば是非参加するべきである。

懐かしい想い出はたくさんあるが、個人個人が記録をしまい込んでおり、統一的な記録の収集と保存ができておらず、散逸しているのが残念である。

これらの海外調査旅行の話をする機会があれば幸いであるが、そのような機会は訪れることはないであろう。この場を借りて若干の報告をしたい。ここでは、アメリカの西海岸のダム調査旅行を紹介する。

〔海外調査〕— アメリカのダム調査

このアメリカ調査は平成7年6月3日〜6月14日に行われた。きっかけは、日弁連がダムや河川管理のあり方について平成7年10月に行う人権大会シンポジウム（高知市）で実施するにあたって、ちょうどアメリカにおいてダムの弊害が指摘され、アメリカ開墾局のビアード総裁が、「もうダムはいらない」と宣言し、不要なダムを壊す動きができており、そのことを日弁連が注目してシンポジウムを行うにあたり、ビアード総裁を講演会に招待したことから始まったのである。

シンポジウムは大盛況であり、立ち見が出ていたが、驚くべきはまさにダム推進を掲げる建設省から数多くの官僚が参加していたことである。建設省も当時は長良川河口堰の問題を抱えて、環境との調和を検討していた時期でもあったからである。当時、建設省河川局の関正和課長（出版直後に死去された）が2冊本を出しており（「大地の川」と「天空の川」）、長良川河口堰は必要だとはいっていたものの、河川管理と環境との調和を訴えていた。

そのようなシンポジウムの盛況を経て、その見返りとして、ビアード総裁が日弁連にダム視察旅行をプレゼントしてくれたのである。実に12日にもわたる調査であったが、アメリカの開墾局が専用のバスと案内の専任の女性職員を用意してくれたので、本当に助かり、ホテル代（極めて安価）と往復の旅費だけで済み、費用はわずか30数万円くらいだったと記憶する。丁度、現時点とは真逆の大変な円高で物価が安く、アメリカ滞在中は1ドル80円くらいとなり、安い買い物（土産）ができた。

また、アメリカに滞在中に、あの野茂英雄投手が大リーグ初勝利を挙げて喜んだのを覚えている。

12日間は朝から晩まで調査、調査であり、ゆっくりとはできなかったが、充実した日々であった。帰国後に詳しい報告書を作成したが、今はあまり詳しいことは覚えていないが、ただ、アメリカは種の保存法（エンデインジャード・スピーシーズ・アクト）が定着したばかりで、何処にいっても種の保存法の話があり、魚（特に鮭）が遡上することを妨げることはできないという思想がかなりしみついているように感じた。そのため、遡上を遮ってしまうダム、河口堰を廃止し、撤去しようという動きになったのである。その他にアメリカには渇水時に水の利用を調整するというウォーターバンクという考え方があり、参考になった。

手元に残っているのはスケジュール表しかないが、成田からシアトルに着き、ポートエンジェルにあるエルワダム、サンフランシスコのナパバレー、ウィローズのシャスタダム、ウィローズの農業用ダム、サクラメントのアーバンダム、サンフランシスコのミュールウッズ、NGOのシエラクラブの本部見学・懇談というものであった。エルワダムは、既に一部が壊れかけており、そこからダム湖の水が漏水していた。また、シャスタダムは巨大なダムでダム湖ははるかかなたまで続いており、日本とはスケールの違いを感じた。

カリフォルニア州は乾燥地帯で雨が少ないためにダムに期待するところは大きい州であって、それ故に調査の対象となったと思われる。その後アメリカではダム建設はどうなったであろうか。

日本では一度ダム建設は下火になったが、八ッ場ダムは一旦中止を決定されながら復活して完成し、球磨川上流の川辺川ダムも一度は建設計画は中止になったが洪水のおかげか、建設計画が再熱している。

既に調査旅行から28年を経過しているが、未だにその光景が浮かんでくる。

v　日弁連の活動

日弁連では、約20年間所属していた内、2年間、副委員長を務め、2年間水部会長、1年間は諫早湾干潟プロジェクトの事務局長を務めた。また、毎年10月に行われる日弁連の人権大会での3つのシンポジウムのテーマのうちの1つが公害・環境がテーマとなる時代であったので、私も都合4回、シンポジウムの委員となり、真面目に参加した。1番初めは、平成2年の旭川での人権大会での「農薬」のシンポジウムであった。2番目は、平成6年に山形で行われた人権大会の「飲み水」のシンポジウムであった。この時は事務局次長を拝命した。3番目は、平成7年に高知で行われた「河川管理」のシンポジウムであり、この準備で前述のアメリカ調査に参加した。4番目は平成8年に大分で行われた「野生生物の保護」というシンポジウムであった。いずれも思い出深いものであるが、それぞれに報告書を書くことになり、時期的には毎年7月下旬から8月初旬になるので夏休みにはシンポジウムの報告書の起案をする時期であり、この3年、4年くらいは、起案するために夏休みがつぶれてしまったというイメージがあるが、非常に充実していた。

vi 関弁連での活動

関弁連の活動においても、やはりダムから始まった。昭和63年4月、初めての委員会に参加すると、当時の沼尾委員長（横浜弁護士会所属。既に亡くなられた）からいきなりダム関係の法令の紹介をするという重い宿題を背負った。新人は私と飯野紀夫先生（東京弁護士会）であり、2人は大変な目にあった。その後、関弁連の公害対策委員会では、約2年かけてダム関係の報告書（約180頁くらい）を作成した。この報告書を作成するにも1泊2日での合宿を2回くらいやった記憶である（宿泊先は代々木の古い日本青年館であった）。10数名の委員が1つの報告書を作成するということは大変な労力と時間がかかるのである。

平成3年の甲府市での関弁連の定期大会時に「飲み水」のシンポジウム、平成5年に群馬県草津市での関弁連定期大会時に「ゴミ問題」のシンポジウム、平成6年には鬼怒川での関弁連定期大会時での「里山」のシンポジウムがあり、いずれも実行委員会の委員となった。いずれも1年間以上、毎月1回ないしは2回の勉強会、発表会、現地調査を行った上での、2回に渉る1泊2日の合宿を行った。大変な労力であったが、大いに勉強になった。

その後、1度は関弁連の公害委員会を辞めたが、その後、平成14年頃に復帰して、平成15年の高崎市での定期大会時に「ダム」のシンポジウム、平成16年の2度目の鬼怒川の定期大会時での「里山」のシンポジウム（2回目）でも委員を仰せつかった。

これらは、いずれも関弁連の定期大会の前座として行われるシンポジウムであるが、1年以上前から、毎月1回、直前になると月2回くらい半日の準備会があり、更に直前には2回くらいの1泊2日の合宿を経て、最後の3か月くらいで400頁もの報告書を仕上げるが、大変な作業であった。

特に平成15年の「里山」のシンポジウムでは、イギリスとスウェーデンに海外調査に行ったことは極めて印象深かった。なぜ、私が10日にもわたる海外調査に参加することになったかは今はあまり覚えていないが、現在栃木県小山市の市長となっている浅野正富委員長への協力をしなければならないという意識からではなかったかと思われる。浅野委員長とは、日弁連の人権大会における「野生生物の保護」のシンポジウムの時と、平成7年の関弁連の定期大会での一度目の「里山」のシンポジウムでの一緒の活動の経験があったので、その浅野先生が委員長になった以上、彼を盛り立てなければならないという意識があったように思う。義理の世界である。また、おそらく、この時期は、私にとってはかなり暇な時期であり、仕事もあまりなかったのが、のめり込んだ原因ではないかと記憶する。

イギリスにはフットパス（他の人の土地を誰でも指定された道であれば通行できる権利）を見ること、ナショナルトラスト（自然または文化遺産を財団のものにすることにより、その遺産を残していく組織）の本部を見ることではなかったかと思う。スウェーデンでは、やはり当時環境に世界で一番進んだ国を見てみようということではなかったであろうか。正確には覚えていない。参加者は、17、8人弱であったが、実に楽しい調査旅行であった。しかし、帰国後どういうわけか、2年経たないうちに参加者のうちの5人くらいが立て続けにお亡くなりになったことには驚いた。しかも、70代が2人で、60代が2人、50代が1人であって、特に高齢では無いのである。そのうちの一人が里山に造詣が深く、委員会で活動するにつき、多くの示唆を与えていただいた上智大学の平松教授であり、ショックを受けた。実は、この調査では、一度2組に分かれて調査した日があったが、その5人はその1つの組に所属して、イギリスの裁判所の訪問とウインブルドンの平原を散歩した組であった（もう一方はナショナルトラスト本部での調査を行う組であった）ので、「ウインブルドンの呪い」といって不思議がったものである。1、2年以内に5人も亡くなるとは何かあったとしか考えられないが、偶然とはいえ信じがたい出来事であった。

この5回のシンポジウム委員会の委員を行ったことから、関弁連に多くの友人を得ることができたとともに、それなりの成果を残すことができて満足である。

更にその後、関弁連の公害対策委員会では、2年間委員長を仰せつかり、大きな課題を背負ったのである。

私が、委員長を仰せつかる前から、関弁連の委員会では、第二東京弁護士会所属の朝倉先生が委員長の時に、世界で最も優れた環境法典をもっているスウェーデンについての研究をすることになり、スウェーデンの環境法典の翻訳を試みていた。さらに、その翻訳を受けて、私は参加できなかったが、スウェーデンの環境調査旅行を実施した。そして、次のテーマは、スウェーデンでも盛んな環境教育というテーマを選んで研究することになったのである。

当時は日弁連も関弁連もスウェーデンが目標であった（その前はドイツが目標であった）。

即ち、当時スウェーデンでは、環境教育（ＥＳＤ）というものが環境問題でひとつの大きな課題となっていた。おそらく、今でも現状は変わっていない。その環境教育とは何たるかを学ぶという重大なテーマを関弁連は背負い込んだのである。環境教育というと、日本では、必ず、公害法や環境法の知識やそのための技術を学ぶ事であると考えてしまう。しかし、当時の欧州で考えている環境教育は、リオ宣言の持続可能な発展（開発）にちなんだ「持続可能な発展（開発）のための環境教育」である。単なる知識ではなくて、日常生活と密接に関係する環境的な生き方を幼い時期から自然に身に付けさせる教育をいう。なかなか人に説明できるほど深く理解できていないが、ＥＳＤは奥が深い。しかも、その内容は単なる環境の知識ではなく、社会的側面、経済的側面を加えた総合的な教育ということである。これでも抽象的で意味が分からないという批判を受けそうであるが、そもそものような正解を簡単に求める方が無理なのであり、ＥＳＤとは正に方法論であって、どのようにして、どういう方法で持続可能な発展を行っていくべきなのかを自分たちで考えて実践していくという議論なのであり、それを身に付けさせるのがＥＳＤなのである。日本人は、受験に慣れすぎたせいか、環境によいこととはゴミを整理して、リサイクルし、自然生物を保護し、豊かな自然を守ることというようにワンパターンで決めつけすぎるのではないか。

ヨーテボリの高校生による摸擬地球温暖化会議

ＥＳＤは、そのようなあまりにも単純で一方的な考え方ではなく、何をすべきかは教えられることではなく、自分たちで環境に即した生き方をやり通す力を身に付けさせることではないかということである。しかも、リオデジャネイロの環境サミットで採択された「持続可能な発展」にふさわしく、環境を守りながら、社会的、経済的にも発展していける生活をして持続可能な社会を作っていくことである。その持続可能な社会とは、それぞれが考えそれにふさわしい行動を行うということであり、そのために、個々人がそれを実行するための力を身に付けさせることがＥＳＤである。とにかく分かったようで分からないテーマである。
日本人にとっては、スウェーデン人との発想の違いを痛感し、彼らが抽象的、観念的な議論・発想に強いことを再認識した。

スウェーデンでは、学校開発庁、リンネ学校（著名な植物学者であるリンネにちなんで命名された自然科学教育のための学校）、幼稚園、移動式自然学校、高等学校、シャルマシュ工科大学、ヨーテボリ大学のＥＳＤ教育を見学した。

特によかったのは、高校生が地球温暖化対策について賛成派と反対派に分かれてパネルディスカッションを行うのを見学したことである。高校生であるにも関わらず、自分達で主体的に意見が言えることに感銘した。なお、この調査旅行の結果は、関弁連で「スウェーデン環境教育（ＥＳＤ）調査報告書―持続可能な社会を目指して」という冊子にまとめている。

vii　第一東京弁護士会公害対策・環境保全委員会

東京の単位会では、委員になって、いきなり環境Ｑ＆Ａの本の作成に取りかかることになった。「ぎょうせい」により『くらしと環境の法律相談』という本で、私は全くの門外漢の新人であったが、いきなり振動部門のQ＆Aを割り振られて苦労した。そして、その時、東京都の環境科学研究所に教えてもらうために1人で地下鉄東西線の東陽町あたりに出かけていき、指導を受けた覚えがある。

『くらしと環境の法律相談』は、この当時はあまり環境面での分かりやすくて内容のある本はなかったようで、かなり売れたようである。しかしながら合宿が非常に厳しくて、私は嫌気がさし、平成2年で一度は辞めることになった。確かに弁護士会の活動の合宿なので成果を挙げなければならないという意味では厳しい要求をするというのも分かるが、やはり、仲間として楽しむということも必要であり、それが欠けては意味がないと思う。

その後、日弁連・関弁連で実力を蓄え、単位会の委員に戻ったが、委員はかなり若返りをしており、また当時は停滞していた。戻った当時は1月に1回せいぜい1時間の委員会にわずか3人しか来ていない事があった。その後、次第に有能な若手がたくさん出てきたので、やる気のある者もおり、潜在的な能力はあると考えられた。

また、3年間は委員長を務めた。

その間、低迷している活動を活発化するために、全員で勉強会をやり、それをQ&Aにまとめることにした。

委員会活動は、それを形にして残すことに重要な意義がある。いくら立派な活動をしていても5年も成果を挙げなければ錆び付いてしまう。その意味で、形として残す必要がある。それを形にしていかなければ人の記憶にしか残らないし、人は毎日の暮らしに追われて過去のことは次第に消え去っていく。その活動を残すためには本にするか、少なくとも報告書にしてまとめるかしなければならない。そういうことで、やる気のある中堅・若手3名に副委員長になってもらい、委員長の私と副委員長4名で分担して、Q&Aの冊子をまとめることにした。その3年間で、『くらしと環境の法律相談Q&A』を6分冊作成して単位会の会員全員と、日弁連、関弁連の環境保全委員会の委員全員に配布した。

この6分冊の評価はまちまちであった。あるとき、日弁連の公害・環境委員会の委員と打ち合わせをするために、その大阪での事務所に伺ったとき、一弁で作成したQ&A6冊がまとめておいてあったのを見て非常にうれしかったのを覚えている。

やはり、委員会活動は本か冊子にして形として残すべきである。その6分冊は次のとおりである。当時としては割合新しい分野であり、有意義であったと思う。

【くらしと環境の法律相談Q＆A】

（1）「土壌汚染」２００1年12月
（2）「廃棄物問題」２００2年12月
（3）「ＩＳＯ１４００１」「環境アセスメント」合本２００3年1月
（4）「シックハウス症候群・ＰＲＴＲ法・土壌汚染対策法問題」２００4年2月
（5）「農薬・遺伝子組換え食品問題」２００4年3月
（6）「地球温暖化・ヒートアイランド現象」２００4年3月

その後、環境保全委員会は活性化して、全体会の他に部会ができるまでになった。委員が60人を超え、毎月の委員会にも30名以上が参加している。また、出版も行い、活性化している。委員会に3人しか来なかった時期とは雲泥の差異がある。ただし、現地調査が少ないのは残念である。この公害対策・環境保全委員会においては、やはり、現地調査が一番重要であると思う。

私が、主として日弁連・関弁連の委員会で現地調査を行ったのは次の（現地調査一覧）とおりである。

現地調査一覧

これまでに約50回現地調査を行ったと述べたが、次のような場所である。ざっと、写真等は4000枚、その要した日数は約120日となる。これも自慢のひとつである。

（ダム・河口堰関係）		
足尾（3回）、渡瀬遊水池（3回）	（日弁連）	
五十里ダム、川治ダム	（関弁連ー栃木調査）	
釜房湖ダム	（日弁連ー東北調査）	
倉渕ダム予定地	（関弁連）	
長良川河口堰、	（日弁連）	
思川水系	（日弁連）	
四万十川、細川内ダム予定地	（日弁連ー四国調査）	
吉野川第十堰（2回）、	（日弁連）	
淀川水系、川上ダム予定地、天ヶ瀬ダム、	（日弁連ー淀川調査）	
川辺川予定地、荒瀬ダム	（関弁連）	
徳山ダム	（関弁連）	
二風谷ダム	（関弁連）	
武庫川水系	（日弁連）	
江戸川取水場	（関弁連）	
金町浄水場	（日弁連）	
鶴見川	（日弁連）	

益田川ダム	（日弁連）	
黒部ダム、出し平ダム	（個人）	
（干潟関係）		
諫早湾干潟（3回）	（日弁連）	
中海干拓、児島湖	（日弁連）	
和白干潟	（個人）	
漫湖	（個人）	
霞ヶ浦（3回）	（日弁連、関弁連2回）	
琵琶湖	（日弁連）	
佐潟	（日弁連）	
瓢湖（2回）	（日弁連）	
（里山関係）		
宍塚大池	（関弁連）	
屋久島	（関弁連）	
くぬぎ山	（関弁連）	
大山千枚田	（関弁連）	
牛久自然の森	（関弁連）	

桜ヶ丘公園	（関弁連）	
奥日光	（日弁連ー野生生物）	
（農薬）		
嬬恋村	（日弁連ー農薬）	
大平農園	（日弁連ー農薬）	
東松山農園	（日弁連ー農薬）	
（アメリカ）ダム調査	（日弁連）	
（イギリス・スウェーデン）里山、フットパス	（関弁連）	
（スウェーデン）環境教育	（関弁連）	

（2）研修センター（研修委員会）での活動

つづいて、研修委員会、研修センターを紹介する。

i 単位弁護士会の研修センター

単位会の研修センターでは、3種類の研修を取り扱っている。①新入会員研修、

②弁護士倫理研修、③専門研修である。

弁護士会にとっては研修は極めて重要である。司法研修所を卒業して弁護士になるものは、今は、1年で1200~1300人くらいいるが、就職して組織に入る場合に役所や大規模な民間企業に入ると、おそらく1か月近くの研修があるだろう。私も、実は司法修習生になる前に1年間だけ労働基準監督官になったが、この間に、2回に分けて2か月間、埼玉県の石神井にある労働研修所（現在は「労働大学校」という）で合宿研修をした。この間、監督官としての広い分野の最低限の知識、技術を学んだ。これは私にとってその後も役に立ったといえる。法曹の場合には司法研修所での1年ないし2年の研修期間があるが、これでは法曹としての活動をするための十分な研修はできていない。あくまでも基礎的な資質を与えるための研修である。

そのため、法曹三者に分かれて実務に就いてからも研修は必要である。ところが、弁護士の場合には裁判官や検察官と違って、ろくな研修は行われていないのが実情である。研修をするのは「金」と「人（労力）」と「時間」が必要である。弁護士として弁護士事務所に勤務をしても、民間人であるから誰も面倒を見てくれるわけはなく、せいぜい、事務所のボスや先輩が限られた内容を限られた時間で個別的なアドバイスをしてくれるくらいであり、体系的な基礎知識は得られない。しかし、今は、一人前の弁護士として育つにはそのような場当たり的なアドバイスでは、到底足りない。

その意味で、弁護士会が研修を行っていくしかないのである。裁判所や検察官は、その組織としても上司や先輩が指導をすることもあるし、節目節目で長期の研修が行われているという。その点は、弁護士の研修は手薄であり、やむを得ない面もあるが、やはり弁護士会が所属する弁護士の研修を受けもたざるを得ない。単位会における研修センターの受け持つ研修の内容としては、①新入会員研修、②弁護士倫理研修、③専門研修がある。

①新入会員研修

このうち新入会員研修であるが、これは丸1日の全体研修と、3回くらいに分かれた選択をする科目の研修、さらには半年間、弁護士会の委員会に研修委員として参加する形態を取っていた。

②弁護士倫理研修

次に、弁護士倫理研修がある。弁護士は弁護士倫理があり、職務を行うに当たってこれを守らなければならない。しかし、これはなかなか難しい。利益相反行為や非弁提携など油断しているとすぐに罠にはまってしまうのである。そのためには事例を積み上げて、そのようなことがないように周知していかなければならない。今は、5年毎に弁護士会の主催する弁護士倫理研修を受けなければならないことになっており、その時点で、相当に勉強しなければならないが、正直なところ、面白くなく難しいが、弁護士倫理研修を受けることは弁護士の義務であり、理由なく受講しないと場合によっては懲戒の対象になる。その意味では、真面目に受講しないわけにはいかない。

この弁護士倫理研修は、弁護士にとってかなり苦痛であり、もう少しなんとかならないかと常々思ってきた。以前は講義形式で、懲戒委員会や綱紀委員会の幹部だった方や元理事者が行っていたが、平成に入った頃から弁護士の不祥事が社会問題となり、弁護士自治の立場からも弁護士倫理を強力に勧めていく必要性が出てきた。そのため、研修センターでも選りすぐりのメンバーに具体的な設問を作成させ、それを事前に送付して会員に回答させ、さらに20名位の班を作り、班ごとにディスカッション方式で検討するという形態にした。このやり方は、非常に評判は悪いが、その様なやり方の方が必死で考えるので少なくともその時点では身に付く方法である。確かに私自身も嫌であるが、嫌われてもその時点では効果はあると思う。

しかし、問題はその後である。研修というのは、それを受けるだけで知識やノウハウが身に付くものではなく、あくまでそのための契機になるに過ぎず、継続して勉強、研究していくべきものである。

ところが、今のやり方は、その時だけはみんなの前で恥をかきたくないので何とか詰め込むが、嫌なテーマであるので、それが終わると次の5年後まで何もしない方が殆どである。これだと本当の理解は身に付かない。

単位弁護士会でも大きな弁護士不祥事があったので、事例を取り上げたテキスト作りをして、不祥事問題の解説を分かりやすい内容にしてテキストを作り、会員に配布するようにしたいとの当時の会長からの提言があり、私も大賛成であるが、問題は誰がそのテキストを作成するのか、また作れるのか甚だ疑問であるが、2年以上を経過しているが、未だに進行の度合は聞いていない。断念したという話である。

その不祥事が忘れ去られる前に早目にテキストを作成して単位会内で流通させなくては効果は少ないであろう。ただし、テキスト作りもそう簡単にはいかないであろうし、そのような重要なテーマを一部の熱心な会員のボランティアだけで作成できるわけはない。

③専門研修

最後に、③専門研修がある。弁護士は、自分で、自分の金で、自分の時間で、自分で必要と考える分野を探して、その研修を受講しなければならないが、法改正が頻繁に行われる分野も増え、新しい判例が頻出している状況では、弁護士各自がそれを見つけて実行することは容易なことではない。そのために、体系的な研修体制を実施しなければならないのである。弁護士会の会費は高いのであるから、それに見合うだけの専門研修の整備は必要不可欠である。

専門研修では、まず、研修を分類し、体系づけること、さらに、充実した講師陣を探さなければならないこと、さらには分野別の一定のレベルの研修が実施されることが重要である。

若手の弁護士やこれから弁護士を目指す者にとっては、この弁護士会の専門研修は極めて重要である。裁判官・検事や学者・会社員になるなど組織に入って長く活動する者にとっては、研修は日常からその組織のサービスとして行われるものであって、取り立てて意識して受講する必要は無いかもしれないが、弁護士は、5大事務所などの特別な組織に入らない限り、上からのサービスで与えられるものではない。自ら、研修を受けられるように工夫しなければならない。

法律は変わる、判例は変わる、新しい社会の仕組みができていく。極端に言えば、法律家の全く知らないところで社会は変動していることが多いと思う。単に受け身的に考えて、何かあればその本を探して勉強をするという姿勢を持つのが大半の弁護士であろう。

それで果たして十分であろうか。おそらくそのような姿勢では、弁護士は時代の要請にはついていけないであろう。やはり、常に社会・経済の動きには関心を持ち、必要な知識は事前に貪欲に獲得する必要がある。

弁護士会の専門研修も、決して、そのニーズに十分なほどには充実している訳では無いと思うが、しかし、特に重要なテーマについては一応のものは揃っているはずであるし、そのようにしなければならないと思う。その意味で若手の弁護士や弁護士を目指す者は、是非、弁護士会の専門研修を利用するべきであるし、不足する部分があればビシビシ弁護士会に意見を言うべきである。

単位会でも平成20年中頃には、Eラーニングが構築過程にあった。その後Eラーニングを試験的に立ち上げ、更に研修顧問団（研修アドバイザー）の創設のための準備、研修マップを作成したのである。

その時期には日弁連もEラーニングを徐々に開始してしばらく経過した時期であり、東京第三会のみならず、大阪弁護士会等もEラーニングの開始をして会員サービスを高めていかなければならない状況に来ていた。そのため、委員会としては、まず、Ｅラーニングのためのコンテンツを多く貯めることに努め、さらに、これまで体系的ではなかった研修コンテンツを分類する「研修マップ」を完成させ、会員に提供することにした。

また、弁護士研修といってもアットランダムに思いつきでやっては駄目であり、不足部分をなくして、バランスの取れた研修体系にしなければならない。そのためには、研修マップを作成してバランスを取ることは必要不可欠である。

また、これも予算との関係があり、著名な学者や遠隔地からの講師等は避けるべきというのは当然ではあるが、そうすると有能な講師が得られないということにもなるので、テーマの選択と共に適切な講師の紹介をしてもらうことも重要である。

弁護士会には著名な学者で退官になって入会されていたり、高名な裁判官で入会されている方、弁護士でその道では権威と言われている方がかなりいるので、それらの方に研修アドバイザーになってもらい、研修計画を立てることの助言を得られればよいのではないかと考えて、研修顧問団、研修アドバイザーを10数名位選任した。

このように3つのテーマとも軌道に乗っており、研修体制、特に、Ｅラーニングは充実していると思う。

ii　日弁連研修委員会

日弁連の研修委員会の委員は4年間務めた。正直なところ、既にできあがっていた中での活動であり、あまりおもしろくはなかった。

その途中で、研修のコンテンツを作る研修センターと研修の有り方を議論する研修委員会に分かれてしまい、研修センターの業務の方に興味があったが、そちらは日弁連の嘱託等の専門家で構成されて参加はできなかった。失礼ではあるが、100人、200人くらいしか会員のいない弁護士会では、なかなか独自のコンテンツを開発するのは大変であり、日弁連がEラーニングを提供する以外にはないように思われる。

この点についても、若手弁護士や弁護士を目指す者は、日弁連の提供している研修には十分に注意を払い、是非、不足があれば申し入れるべきであろう。

(3)　編集委員会・会報委員会

i　単位会の会報委員会

単位会の会報委員会は主として月刊の会報の特集を企画して座談会や原稿の割付を実施して編集するという業務であり、複数班があり、それぞれの班が持ち回りで特集を組むことになる。その特集を組む順番が年2回、回ってくる。私の班が特集したテーマはここのところ、「図書室の活用」、「弁護士とIT活動」、「弁護士の不祥事」、「スポーツと弁護士」、「子どものいじめ問題」、「23条弁護士会照会」「給費制の問題の最終解決を目指して」等、11年間で20テーマは、取り扱っている。テーマ選びから人選、企画の内容、スケジュール調整、反訳のチェック等やることは多く大変だが、やりがいはあり、自分の企画が実現できるのはなかなかうれしいことである。

その他、連載のテーマごとの原稿のチェックをしなければならないが、これはチェックすればよいだけなので大したことはない。むしろ、重要なのは、このテーマを会報に掲載せよとか、1年間連載させよとかの要求があることであり、読み手の立場からこれをいかにしておさえていくかが重大である。

後は、弁護士会の「会報」である以上は、理事者や会長の意見は反映させざるをえないが、どの程度までこれを許すかということも問題である。理事者の要請は尊重するにしても、委員会は、掲載する者の立場からではなく、読み手の立場から記事の選別をするべきであると考えているので、無理難題の要求に対してはそれを拒絶する事が必要であろう。

ii 日弁連の編集委員会

日弁連の編集委員会では、月刊誌である『自由と正義』の記事につき、その企画と編集を行うというものである。こちらは単位会の会報のような座談会形式のものはないが、各月のテーマが大きく、しかも1月ごとにテーマが2つ（最近は特集が1つになったようである）であり、なかなかその特集の選択が大変である。

各月のテーマをどのようなものにするか、それに見合う執筆者をどうするか決める作業が大変であり、それができるためには、多くのテーマについての専門家や専門弁護士とのコネクションを広く有しているのかが決め手となる。その意味では編集長（委員長）は、専門家とのコネクションを有している者を選ぶべきである。

その編集の作業も、また、膨大である。実質7、8名くらいで作業しているが、1

月に2回、1回当たり3時間程度の時間を要する作業であり、原稿をこまめにチェックする作業も行っている。

私には荷が重く、本来は4年やろうと思っていたが、2年で辞めてしまった。もう少し頑張れば良かったかとも思うが、私は当時は専門家との付き合いが狭く、専門家や専門弁護士とのコネクションに乏しく、相当無理をしなければならないという理由から、やはり無理だと思って退任した。

ただし、私はこの単位会の会報委員会、日弁連の編集委員会という2つの委員会で大きな成果を残したと自負している。

というのは、単位会の会報と『自由と正義』の印刷代についての業者への報酬が不当に高額であることを指摘して、入札を実施させて、大幅な減額を勝ち取ることができたからである。

単位会の方は、当時の年12冊で約5000部の印刷代が3300万円くらいであったが、他の業者に見積もりを出させると1900万円位であり、元々は相当な暴利であった。結局、それまで発注していた業者が1800万円くらいに値下げしてきて（実に1年間で1500万円もの減額である）、なんとか継続させて欲しいというのでそれで、契約を維持したということである。

日弁連の『自由と正義』の印刷代はもっと酷く、1年12冊で印刷部数が当時毎月3万6000部くらいであったが、実に9700万円位という高額になっていた。私の推薦する印刷会社での見積もりでは5500万円位であり、これも、日弁連の職員に訴えても無視されたので、担当の事務次長に訴えてようやく入札が実現した。入札の結果、4300万円くらいの業者が出たので、その業者に変更したのである。実に毎年5000万円以上もの節約ができたのであり、従前の業者は、あまりにも甘すぎる仕事を失い、他の業務ではやっていけないとしてその直後に廃業したということである。

日弁連も貴重な会費を毎年数千万円も無駄に使われてしまったことになるわけであり、このような事態にならないように、2年に一度くらいは入札を実施するべきである。

■『自由と正義』、単位会会報の販売を

日弁連の『自由と正義』は会員以外にも販売されている。単位会の会報は寄贈を除くほか会員以外に基本的には販売していない。

私は、『自由と正義』もまた単位会の会報も販売するか、司法修習生や法科大学院生には無償で配布し、また、その他の方にも有償で販売するべきものと考えている。確かに、特に単位会の会報は内容的に単位会の会員にしか関係のない記事も多いが、少し分量を増やすことで、各大学の法学部生、法科大学院生、司法修習生にも役に立つような記事を載せるべきであると思う。なお、第二東京弁護士会は、毎月の会報を弁護士会館内の本屋で販売している。

弁護士会は社会一般に対するPRがあまりにも下手である。『自由と正義』や単位会の会報が大きな書店では販売されたり、または、Ａｍａｚｏｎで取引されるということになると、3つの点で変革が生まれると思う。

一つは、記事の内容が面白くなることである。当たり前であるが販売することになれば面白くしなければ売れない。これまで『自由と正義』にしろ、単位会の会報

にしろ、無料で配布している（無論、弁護士会費にはその分が含まれてはいるが、有償という意識はあまりないであろう）。無料という意識ではおもしろくなくても強烈な文句は言わないが、有償ということになれば、いろいろ編集部に文句が来ることになる。そうなるとどうしても面白い記事を載せなくてはならないことになる。

もう一つは、学術的になるということである。法学部、法科大学院、司法修習生や一般企業の法務部などにも販売するということになると、当然、役に立つ記事を求められる。そのことにより、学術的な特集を行わなければならない。これまで『自由と正義』も単位会の会報も法律的な議論はあまりせず、実務的な傾向や活動報告や運動論が多かったが、それはそれで意味があったと思うが、法曹としてより法律学的立場から見て高度な知識を理解できるツールとして活用できた方が良い。

大学や法科大学院、司法修習生にも読んでもらうということは、大学教授ら教員の論文や法科大学院での教育内容、司法研修所での教育実務など報告も期待できるということを意味する。例えば、『自由と正義』や単位会の会報を読むと、改正民法の基礎が分かるということにすれば、会員も含めてずっと読む意味は強まる。

第三に、現在弁護士会内でしかその価値を分かり得ない狭い範囲の報告や座談会などは、その関係者にしか面白いとは思われないものとなっているが、座談会にせよ、対談にせよ、その他の報告にせよ、市販するとすれば、より多くの人が興味を持ち楽しめる記事になると思う。

例えば、ゴルフ、野球、釣り等の趣味の報告とか、日弁連理事会報告は単位会の会報に載せてはいるが、いつもつまらないという評判が圧倒的である。仲間内だけの報告は意味が無いし、その外側にいる第三者にとっては興味が無い。日弁連理事会報告は、日弁連会員にとっては重要な記事ではあるが、それは、日弁連のホームページでも公開されており、敢えて不正確な短い紹介をする必要は無い。重要な決議があったという場合には報告ではなく、重要な特集的な記事にすればよく、日弁連理事会報告などで議題を羅列しても意味は無い。

若い弁護士や、これから弁護士になろうと思っている者も、形式的な報告ではなく、より弁護士会内の実態が分かる『自由と正義』や単位会の会報であれば、勉強にもなるし、実態が分かって都合が良いのではないであろうか。

(4) 日弁連・単位弁護士会の給費制対策本部

この点はすでに詳述したが、重複するが、再度述べさせていただく。

司法修習生の給料が無くなり、貸与制度に代わろうとしたのは平成22年であり、当時の宇都宮日弁連会長は、そのような不正が許されて良いわけがないとして、断固給費制の維持を求めて強力な運動を展開した。そのために、まず、全国の弁護士会に給費制存続のための署名を集めるという活動を展開した。それまでも日弁連は何もしなかったわけではないが、平成16年11月に司法改革改正法案が可決されて、その前段として最高裁長官、検事総長、日弁連会長ら3名が司法改革で合意して、その際、司法修習生の給与も廃止するとの合意をしてしまったのである。

当時、法曹は足らずに増員しなければならないとし、法科大学院を設立してそこで2年間、または3年間、きっちりと法学教育を受けていることが前提となっており、受験生の6割は合格できるということであった(実はこれには誤解があり、大学院を修了して、当時は3回（現在は5回）受験できるが、その3回受験した場合の累積合格率が6割という趣旨であったのが、毎年の合格率が6割という誤った宣伝がなされていた）。

ところが、平成21年、22年当時の司法試験合格率は22～23％であり、それが司法制度改革当時の前提と大いに異なる狭き門であるという批判がなされていた。そのような状況下で、法科大学院を2年ないし3年受講することが前提であるが、法科大学院生の授業料が約150万円、1年間の生活費が150万円だとすると、受験資格を得るまでに600万円ないし900万円かかることになってしまい、金持ちの子弟しか法科大学院には行けない、行こうとすれば借金をして行くしかない者も多かったと思うし、司法試験を受かっても給費は出ないとすれば司法修習期間中は国から借金をして生活し、さらに予想に反して弁護士のニーズは少ないために就職難で希望する弁護士事務所に勤務できない、または全く就職先が決まらない司法修習生がいたということである。

そのような方は、法科大学院時代の借金に加えて、司法修習時代の約300万円の借金、さらには就職難という極めて経済的に厳しい道が待っていたのである。

その意味では、司法修習生の給付をなくすことには大反対であり、給費制廃止に反対する日弁連執行部の方針は正しかった。しかしながら、一旦は日弁連も合意しているのに、それを反故にするのかという最高裁や法務省、財務省などからの抵抗は凄まじかった。

最高裁や検察庁などを含む行政からは日弁連は相手にされなかったところ、日弁連（当時は宇都宮健司会長）は、国会議員を動かして裁判諸法改正の議員立法を行うという奇策に出て、国会議員を動かそうとしたのである。そのため、国会議員に要請するための、給費廃止反対に係る署名運動が採用されたのである。

そして、国会の議員への要請により、議員立法の要請をした。一旦は、時間切れとなり、新64期から貸与制が開始されたが、その直後に裁判所法が改正され、とりあえず1年間は給費制の廃止は延期となった。今考えても給費制を廃止するなどということはあってはならないことである。

司法改革の中で、合格者の大幅増員、法科大学院の設置と修了生の受験資格の付与、給費制の廃止を日弁連も受け入れることになったが、当時の日弁連が誤った措置を執ったという非難は避けられないであろう。その点、宇都宮日弁連会長は、派閥から担ぎ出された候補者ではないので、過去の負の活動を引きずらない事が可能であったのであろうが、自由な発想ができる方であり、過去の日弁連の負の遺産にかかわらず、正しい選択をしたのは勇気ある行動であったと思う。

しかしながら、翌年は、最高裁、財務省、法務省らの壁に阻まれ、残念ながら新65期から給費制は廃止となり、貸与制がスタートした。

日弁連、各単位会の給費制対策本部は、その後も給費制復活に向けて、地道な議員説得工作を継続した。若手弁護士が、如何に苦労しているか、どれだけ公益的な活動をしているかを知らしめるためのアンケートや広報活動をしつづけ、数年かかってようやく国会議員の過半数を賛成派にすることができ、新しい司法修習生のための新給付金制度が誕生した。新給付金制度が適用されたのは71期からであり、そのことは良かったと思われるとしても、新65期から70期までの貸与制の適用を受けた者については遡及をしないことになり、いわゆる「谷間世代」を作ってしまったのである。

その後も、この谷間世代をどのように救済していくのかという難題が待ちかまえることになるが、あまりにも不公平、不公正な制度といわざるを得ない。改善が必要不可欠である。また、新給付金の金額も原則13万5000円、家賃補助が3万5000円で、決して十分な金額とは言えない。家族を抱えている者はとても生活できる金額ではない。そのために、「谷間世代」の救済とともに、71期以降についても新給付金を充実させて旧給費制に匹敵する給付内容に高めるという運動が必要となってくる。

しかしながら、日弁連をはじめ各単位弁護士会の担当者も約7年間の活動で疲弊してしまい、また、過去の問題であるとして関心が薄れつつあるのも事実であるが、これはそう簡単に切り捨てることはできない重大な問題である。新給付金制度ができたからといって、谷間世代は何の恩恵も受けずに屈辱を味わったままである。谷間世代の味わい続けている不公平感、不公正感は是正しなければならないと感じている会員は多い。この谷間世代の法曹者（弁護士だけではない）は実に1万1000人であり、弁護士の数の4分の1である。これだけの会員が未だに不公平感、不公正感を抱いていることは大変なマイナスである。是非とも、この不公平感、不公正感は是正しなければならない。そのため、現在でも日弁連等の各弁護士会の給費制対策本部は活動を続けているのである。

なお、国に対する是正措置を講じさせるのは容易なことではないことから、日弁連をはじめ、各単位会で谷間世代に対する補填をすべきであると考えて、日弁連が1人につき20万円の補填を決めた。各単位会でも、かなりの反対意見はあったが（弁護士会の予算を一部の者のために使うべきではないという意見がある）、1人につき10～30万円程度の補填が決められた。しかし、これはあくまでも国が是正するまでの暫定的な救済措置としてであり、これで終わりなどということはない。

今後も、日弁連対策本部の一員として、是非とも、谷間世代の救済と、新給付金制度の改善に向けて活動していかなければならないと考えている。

（5）弁護士業務の適正化委員会

適正化委員会は、弁護士の中で不適切な業務方法をとっている会員について、それを是正してもらうための委員会であり、広告が不適切な弁護士や二重の事務所設置などの比較的程度の軽いものから、不適切業者との業務の提携による大量の業務処理による破綻を防ぐという類のものもある。

特に若手の業務を開拓するという観点からすると、自己破産申立、サラ金業者に対する過払金返還請求等についてテレビ、ラジオ、新聞等大々的な広告を打ち、お客を大量に募集して定型処理をしている形態については、一種の業務の開拓であって重要ではあるが、大量に同種の事件を取り扱っている事務所は、多くは直接弁護士が担当するのは僅かで（依頼者の人数からして弁護士が全員を対応できる人数を遙かに超えている）、典型的なケースは、事務所の賃貸借契約も当該業者の事務長の名義であったり、業者の雇用する事務員、業者が送り込んでくる派遣社員等の事務員を使ってその処理をするという方法がとられている。

つまり、完全な名義貸しということになる。弁護士が本来行うべき業務を事務員に任せるのは業務処理として不適切であるとともに、業務の受任の決定や報酬の受け渡し、業務の処理なども事務局が決定するといった非弁提携というレッテルが貼られた状態になってしまう。その業者は本来弁護士しか取り扱ってはいけない業務を取り扱っているという意味で非弁行為を行っているものであり、弁護士はその業者と提携して事件を集めてそのわずかな一部を報酬としてもらうということで非弁提携弁護士（弁護士法27条違反）といわれる。

一時期は、その弁護士に多くの金銭が集まるであろうが、その大部分はその業者への支払い、テレビ・ラジオ放送への広告料、事務所の賃料、事務員や派遣社員の人件費等の経費へと消えてしまい、弁護士には借金のみが残ることになるのである。事務所の所長の立場にある以上は、事務所の債務について少なくとも連帯保証はしているはずであるので、円滑に推移していく場合はそれでよいかも知れないが、少し躓くと一気に不都合な事態が爆発する。元々、処理が不可能な数の事件を取り扱っているので何時かは破綻が見えているのである。

その他、行政書士や司法書士、社労士等が、町の法律家と称して、本来は弁護士しか取り扱うことのできないはずの分野について（これについては行政書士会、司法書士会、社労士会等からは異論のあるところであるが）、他士業が関与しているとみられるときには、非弁行為になる（弁護士法72条）。その場合には、弁護士会としては、そのような広告は止めてもらい、やりかかりの事件についても業務の処理を止めることを要求するのであるが、これも容易ではない。

全国規模でも、また、各単位会の会員の中にも、このような非弁提携弁護士（27条違反）として破綻し、破産し、懲戒処分を受けた者もいる。

その他、貸付金などの債権を譲り受けてまとめて取立行使をする業者がおり、これはサービサーとして認可を受けて行っているのであれば許されるが、そうでない場合には債権を譲り受けて行使することは禁止される（弁護士法73条）。このように特に係争債権を譲り受けて、それをまとめて行使することは、特定の業者でなければできないことになっているが、弁護士事務所も関係して、そのような業者と結託している場合もある。これは弁護士法73条違反になる。

適正化委員会では、被害者からの通報や市民窓口での苦情相談、第三者からの通報などを端緒として、各委員に事件の調査と報告が義務づけられる。私も単位会の適正化委員会の委員として、20件くらいは関与したように思うが、なかなかうまく処理できなかったのは残念である。ただし、弁護士が単独で対応する場合には比較的早期に是正してもらえるので楽である。しかし、弁護士を利用しようという悪徳な提携業者が関与すると容易には撤退しないことが多く、対応に苦慮するし、長く時間がかかる。

そのような登場人物が多い場合には、何せ、その対象弁護士や業者らに事情を確認することが容易ではなく、あくまで任意に協力を求めるために、非協力的であることが殆どである。そしてこの適正化委員会には強制権限がないのが解決の長期化に影響をしている。しかし、全く何もできないわけではなく、弁護士法違反であれば警察が取り締まるし、当該非弁提携弁護士は懲戒処分の対象となり得るので綱紀委員会、懲戒委員会の調査、取り調べを受けることになる。

このように事件処理の道具が少ないために、事件処理が遅くなり、中には2年、3年と解決できないまま継続している案件もある。非常にやっかいであり、多くの会員は、決して適正化委員会の委員になりたくないのではないであろうか。

本来は、それらのボランティア的な活動については弁護士会も報酬を支払うか、あるいは、一定程度事実調査をしたならば、理事者や特別なノウハウを持った専門の者に吸い上げるべきである。場合によっては、調査は、弁護士会の委嘱している嘱託が行い、その結果を持って適正化委員会で議論するようになれば遥かに効率的になるであろう。


現在は、一部の委員の犠牲の上で、効率的ではない嫌な仕事を長期間・無報酬でやらせている状況になっているので、弁護士会としても適切な対応をするべきである。

しかしながら行っている活動の内容は国民からの信頼という面を含めて極めて重要であって、弁護士会の広報と注力により、その役割からしても花形委員会になれる可能性はあると思う。

5. 外部の組織での活動

あまり知られていないが、弁護士は多くの外部の組織で働いたり、委嘱を受けて業務を行うことがある。これも弁護士にとってはその社会貢献の役割を果たす重要な仕事である。

私の受けた業務は、弁護士会の紹介で、①司法委員、②民事調停委員、③鑑定委員、④弁理士会審査委員、⑤家事調停委員、⑥区法律相談員、⑦東京都公害審査委員会委員であり、厚生労働省関係では、⑧中小企業労働相談マニュアル作成委員会委員、⑨全国労働基準連合会・労働相談ダイアルＷｅｂサイト相談員、同労働者派遣事業者の適正化推進事業委員、⑩中央職業能力開発協会ビジネスキャリア問題選考委員、ビジネスキャリア専門委員、農水省関係の⑪中央畜産会人材活用モデル推進委員会、⑫公益社団法人日本ボート協会（日本ローイング協会と改称）役員、とかなり受けた。

その他、弁護士会に来る重要なポストで弁護士が就任できるポストはいろいろあるが、その中で常勤に近いのが日弁連の事務総長、事務次長、日弁連の嘱託、司法研修所民事・刑事弁護教官、法テラスの部長クラスの幹部ポスト等があるが、あまり多くなく、公選ではなく、一部の者の推薦によることが多く、待遇のよいポストには人気が殺到するが、公選でないのは問題があるように思う。

ごく簡単に私の受けた業務の内容を紹介しよう。

1 司法委員

簡易裁判所の民事訴訟に立ち会い、両当事者に和解を勧めるという業務である。東京簡裁ではひと月に2期日、1回2時間立ち会って、一期日につき2件くらいの和解の仲介をする。事件が係属すると、次の弁論期日にも出席しなければならないことになり、ひと月3期日、4期日出席しなければならないことになる。

私は、6年間委員を務めたが、結構な負担であった。事案自体は単純な民事事件であり、難しくて悩むことは少ないが、なかなか話し合いで解決しないことは多い。その場合は、審理を進めて尋問や判決に至ることもあり、その場合も立ち会うことはある。

6年間やって、正確な数は分からないが、和解を担当していたのは150～

180件位であり、うち、和解成立は5、60件であったと思う。

2 民事調停委員

これは簡易裁判所の民事調停に調停委員として立ち会うことになり、ひと月に2回くらい指定される。当初は霞ヶ関であったが、途中から錦糸町の東京簡易裁判所の分館で行うようになった。

しかしながら、錦糸町では場所的に大変不便となり、かなり利用者数が減少したようである。あまりに利用頻度が少なくなったので、事前に予約すれば、新宿の法テラスでも実施できるようにしたが、それでも低調であったという話である。

そのためか、あまり忙しくはなく、ひと月2件くらいで、担当する事件が増えて来るという状況にはなかった。私は、4年間委員を務めたが、負担は大きくはなかったが、途中から東京簡裁の一部が錦糸町に移管したため、錦糸町に出かけるのがかなり不便であった。事務所から錦糸町の分室まで約45分かかった。霞ヶ関にあった頃は15分だったので、1回出向くのに往復で1時間のロスとなる。

4年間で担当した事件は、20件くらいで解決したのは12、3件であった。

3　鑑定委員

東京地方裁判所の民事22部の受ける借地借家非訟事件における不動産鑑定を行う役割であり、3人でチームを作り、弁護士がチームリーダーで、意見書案を作成する役割である不動産鑑定士1名、一般教養人から1名という構成となっている。

鑑定委員会は不動産鑑定士が中心であり、弁護士は進行係という位置づけである。回ってきても1年に1件、多い年で1年に2件程度である。

研修会が裁判所主催のものと、鑑定委員会の主催のものと年2回あるので、それには参加するべきである。

3人のメンバーで担当はするが、重要な部分は不動産鑑定士であり、弁護士は一応はリーダーではあるが、それは実地調査のときの進行役であり、鑑定意見書を作成するのは不動産鑑定士の委員が殆どであった。

なお、この現地調査については、裁判所に集合して、3名で裁判所の車に乗って現地へ行き、帰りも裁判所まで送ってもらえるという特典があったが、令和3年度からそれが無くなったことは残念である。

4　家事調停委員

東京家庭裁判所での家事調停の調停委員で、これは事件ごとに書記官からの連絡を受けて受任する。

これは、簡裁の民事調停事件、司法委員の事件と異なり、事前に記録の閲覧が必要になるので、1件受任しても、事前の閲覧と当日の2回家裁に赴かなければならないので、かなり大変である。東京家裁では家事調停は離婚事件と遺産分割事件（遺留分減殺を含む）に分かれ、弁護士は遺産分割事件を担当するという運用になっている。東京以外の家裁では、離婚事件にも弁護士が調停委員として立ち会っている（立川支部もそうである）。

遺産分割事件になると、なかなか事案が複雑で、調停のその場での理解は難しく、どうしても事前の記録の閲覧が必要になる。その意味では大変な時間をとってしまう。代理人として、遺産分割調停（遺留分減殺調停）に行ったときには、調停委員が事案を全く理解していない、事前に記録を読んでいないと思うことが多かったが、やはり、事前に記録を読み、整理しておかないと、実りある調停はできない。

長く続けるつもりでいたが、結局4年で辞めてしまった。最高で一時期7件持っており、その時はかなり時間のやりくりに苦労した。事前の記録読みを入れるとひと月に10回以上家庭裁判所に行かなければならないということになる。しかし、民事調停委員、司法委員に比べると内容的には充実していたので、もう少しやれば良かったと後悔している。

4年間で、約20件担当しており、調停が成立したのは11、2件であったと記憶する。1件だけ記憶に残る事件の概要を紹介する。つくづく遺産分割の難しさを知らされた事件である。

昭和10年代、20年代に母親が3回結婚して、3人の夫との間にそれぞれ子どもがいたという事件であり、その母親の遺産分割調停の事件である。1番初めの夫の子A男は生まれてからすぐ養父母に引き取られて実の母や父親違いの兄弟姉妹とは全く面識がなく、2番目の夫の子B男はやはり父親違いの夫とその後妻に引き取られて育ち、3番目の夫の子は4人（C女、D女、E男、F女）いて最期まで母親と生活していた（末の妹F女は元々からだが弱く、独身で、職場ではパワハラを受けてうつ病になり、出社を拒否した結果、会社を退職し、母と最期まで同居し、無職で生活保護を受けており、他の3人の兄弟姉妹C女、D女とE男はそれぞれ家庭を持って暮らしていた)。なお、A男は他の5人の兄弟姉妹とは全く面識がなく、B男も他の5人の兄弟姉妹とは全く面識がなかった。A男もB男も大きくなるまで他に兄弟姉妹がいることすら殆ど知らなかったようである。

その母親が長生きで103歳で死んで、母としては殆ど言葉すら交わしたことがない1番初めの夫の子A男が、2番目の夫の子B男と3番目の夫の子ども4人C女、D女、E男、F女に対して母親の遺産についての遺産分割の申立をした。子どもといっても皆さん高齢で、A男とB男は80代で、C女、D女は70代、E男とF女は60代であった。その母親の遺産は、結局、3番目の夫の子である独身の末の妹F女が住んでいた家と若干の動産である。結局、6人中4人は出頭した(B男とF女は来なかった)。A男の境遇は後述のとおり気の毒なものであったが、B男は普通に育てられ、C女、D女、E男、F女は貧しかったが、母と一緒に生活はできていた。

結局、その家と動産(ただし、動産とはいっても古い家柄であったらしく、日本刀二振と筑前びわが残っており、無価値ではなかった)が相続財産であるが、その家は末のF女が無職で住んでいるので売却するわけにも行かなかった。C女とD女、E男は、妹であるF女を実家から追い出すわけにはいかなかった。A男は、次のように真に同情すべきものであった。即ち、A男は、母から捨てられて養子先でも疎まれていたようで天涯孤独であり（独身であった）、貧しいながらも母と生活できたC女、D女、E男、F女に対するある意味で嫉妬があるようであり、相続分である6分の1を譲るつもりはなかった。そのことが、C女、D女の怒りを買っていたようであった。

結局、F女が実家を出ない以上は、C女とD女とE男がその代償金を用意するしか解決の方法はなく、私と女性の調停委員は、やむなく解決するのであれば、3人が代償金を用意しなければならない旨を通告せざるを得ず、そのため、元々A男には一銭も渡したくはないC女、D女からは我々調停委員はえらく嫌われてしまったようである。なお、A男には代償金の額を少なくするために、貴重な動産である日本刀2振と筑前びわをもらうことを提案し、A男はこれを受入れて代償金の減額に応じた。結局6名とも同意したが、私ども調停委員は、最期の調停期日は、全員が出頭して一同揃って顔を合わせて円満に解決できるものと期待していたところ、出頭したのは中立人のA男のみで、他は全く出頭せずに、円満解決の姿は見られずに、がっかりした次第である。

このように、調停委員は感謝されると思ったら大きな間違いであり、逆に、恨まれてしまったようで、本当に損な役割であると考えた次第である。

5 東京都公害審査委員会

東京都の公害審査委員会というのは典型7公害を基本として、都民からの公害・環境問題についての調停を行うというものである。委員は、弁護士と一般の教養人（マスコミ関係、消費者団体など）と工学技術系の専門委員の3名からなっており、会長は弁護士が行うことになっていて、私は任期は2期6年で後半の3年間は会長を拝命した。

事案の多くは騒音問題であり、そのため、騒音関係の専門委員（工学技術系）の意見が中心とならざるを得ない。特に、騒音測定は専門委員にやっていただくしかなく、弁護士と一般教養の委員は、それを重視していくことになる。

事件は多くはなく、年間2、3件というところだが、その後は次第に多くなって4、5件が係属した。私自身は、6年間で結局3件しか担当せず、調停を成立させることはできなかった。ただし、そのうちの1件は1年半以上係属して、期日も8回くらいもつことになったが、結局、不調であり、残念であった。

会長になると、国の機関である公害等調整委員会が年1回行う会議に出席することになり、その日は全国の公害審査委員会から代表がやってきており、弁護士の知っている顔が何人もいて懐かしかった。残念ながら、最後の2年間はコロナの影響で、Web会議になってしまい、議論が報告のみになってしまったのは残念であった。

なお、会長に在職している当時、公調委の創設50周年にあたって50周年の記念誌を発行することになり、都の公害審査委員会からは会長である私がその記念号に掲載される論考を執筆させてもらうことになった。最近ようやく「公害等調整委員会50年史」が送られてきたが、弁護士として環境問題に多少なりとも取り組んできた成果がこのような権威のある機関の記念誌に掲載されたのは幸福の限りである。

6 全基連等

これは、厚生労働省からの委託事業を、厚生労働省のOBを中心とする委員で構成されるメンバーで分担して実行するという組織であり、研修、出版、インターネット相談、相談会への対応等各種の事業を行っている。

私も1年間労働基準監督官で行政経験があり、また弁護士であるのでメンバーに加えていただいている。私が関与している委託事業としては、①労働条件ポータルサイト相談員、②労働条件ダイヤルWebサイト相談員、③労働者派遣事業者の適正化推進事業があり、その実働部隊の一員として、Q&Aやテキストの作成等の作業を行っている。

その他、派遣検定事業を行っている人材コンプライアンス推進協議会の元理事長を仰せつかっていたが（令和3年3月末で退任）、実際には年1、2回の総会の出席と司会やあいさつくらいしか業務はなかった。

7 公益社団法人日本ボート協会（令和5年1月から「日本ローイング協会」となる）

令和2年6月、ひょんなことから大学のボート部のOB会である淡青会の会長（故人）

から話があり、公益社団法人日本ボート協会の監事に就任した。

学生時代に1年半程ボートに熱中したが、その後は全く関心がなくなり、東大ボート部のレースの成績も芳しくないこともあって、埼玉県の戸田市にある大学のボート艇庫に行くことも全く絶えていたが、一橋大学の先輩で弁護士であった和田氏が亡くなられていたので、弁護士が必要であるとしてその後任として勧誘され、監事に就任することになった。

業務としては、年3回程行われる理事会の出席、毎月行われる業務執行会議の出席、インカレ、全日本の競技大会における出席等である。

今後、どのような業務を仰せつかるのか全く分からないが、現在は、ローイング協会におけるハラスメント等の相談があった場合のコンプライアンス問題の委員会の委員、役員選考委員会という日本ローイング協会の理事、監事、その他役員の選任、職務についての人選に関する公正な選考を行うための委員会に所属している。

未だに経験が少ないが、今後の生き甲斐の一つになるかも知れないと期待している。

弁護士をめざす君へ

若手弁護士（新司法試験世代）の体験記

第1

ロースクール入試（法律科目試験問題）、予備試験、司法試験の受験勉強

●導入編

1　司法試験の勉強はどのように始めたらいいのか

弁護士をはじめ、法曹になるためには、当然ながら、司法試験に合格しなければなりません。では、司法試験に向けた勉強はどのように始めたらいいのか、分からないという学生も多いと思います。

ざっと上げるだけでも、大学の司法試験受験団体や研究室、司法試験予備校の入門講座、ロースクールの授業（未修者の場合）や独学など入口は多々あります。

最初に断っておきますが、受験勉強にこれをやったら確実に合格する、これをやってしまったら、確実に不合格というものはありません。人それぞれ自分の性格やスタイルに合う勉強方法で勉強すればいいのです。ただ、経験則でいえば、受験勉強において、努力の方法が正しければ合格に近づく、努力の方法が間違っている、足りない場合は不合格に近づくといえると思います。

2 司法試験ではどんな問題が出るのか？

ここでは司法試験ではどんなことが聞かれるのか、どんな風に回答するのか、具体的に説明したいと思います。弁護士が出演する法律相談のテレビ番組などを見たことがあるでしょう。それに似ているところがあり、法律の素人が、このケースはどういう結論になるんだろう？　といった内容について問われるというのが分かりやすいかもしれません。

たとえば、民事でいえば、十数年前に友人からお金を借りてそのまま滞納していたが、ある時返済を求められてしまった、「返すから、1週間待ってくれ」と答えたところ、実は借金は時効になっていた。この場合でもお金は返す義務があるのか？　時効だから返さなくてよいのか？　こういった感じです。

刑事でいえば、お金に困ったＡＢの２人が空き巣をすることを約束して、夜９時にお金持ちの家の前で待ち合わせの約束をしていたとしましょう。ところが、Ｂが当日熱を出してしまい、待ち合わせ場所に現れなかった。しかし、Ａは事前にＢからその家のお金の隠し場所を聞いていたので、まんまと空き巣に成功した。この場合に空き巣をしていないＢは罪に問われるのか？　などです。

法律を学んだことがない人でも、いずれの問題でも引っかかった部分があるはずです。民事でいえば、一度「返すから1週間待ってくれ」と返済猶予を求めてしまった点、刑事なら、Ｂがお金の隠し場所をＡに教えてしまった点です。こういった問題点を、司法試験では論点といいます。司法試験では、この論点を中心に学習していくことになります。論点というのは、判例と学説で結論が対立していたり、学説同士でも対立していたりするものです。

もちろん司法試験ですから、この論点に対して、テレビのように、自分の感覚でああだこうだと意見をいえばいいわけではありません。論点に対する結論とその理由を問われることになります。その理由が、法律にそのまま書いてあったり、判例であったり、学説であったりします。

3 試験問題に対する結論が真逆の受験生2名とも合格できる?

実際の裁判でも、地裁の判決が高裁でひっくり返ったといったニュースを見たことがあると思います。実際のプロの裁判官でも、法律の世界では同じ事案で、裁判官によって判断が分かれることがあります。つまり司法試験の問題のうち、短答式試験は正解は1つですが、論文式試験でいえば、正解は1つではありません。極端にいえば、受験生が2人いて、同じ問題に対する結論が正反対だったとしても、両方が合格する場合があります。

それは、論点や判例などで、見解が対立しているわけなので、受験生2人がそれぞれ異なる見解を採っていれば、結論も異なってくるからです。

ただし、この2人の受験生には合格するための共通点があります。それは論理性です。それぞれ自分が採用する見解、学説を論理的に理解して、答案でも説明できていることが合格点を取る条件です。司法試験では、最初から最後までこの論理性というのがキーワードであり、作問・採点をする司法試験委員会も受験生に論理的能力を求めていると思います。

4 どうやったら司法試験の受験生になれるのか、司法試験の勉強の始め方

大学までに法律科目がカリキュラムに組み込まれることは一般的に

は無いでしょうから、法律の勉強はゼロからのスタートになります。

ではどのように勉強を始めるのか？

オーソドックスなのは、大学の司法試験受験団体や研究室、司法試験予備校の入門講座でしょう。両方を掛け持ちしている学生もたくさんいます。

大昔の旧司法試験では、各科目の学者の書いた基本書を教科書にひたすら10回まわす（通読する）といった勉強法が主流な時代がありました。

今は全く異なり、人それぞれです。

ただし、各科目で立ち返るべき教科書を定めて、通読するというスタイルはやはりいまだに主流といえます。

司法試験受験勉強における教科書には大きく分けて2つあり、1つは学者の書いた基本書、もう1つは司法試験予備校のテキスト（司法試験に出てくる論点や判例を学者・学説を横断的にまとめ解説したもの）です。

これらを教科書にして、大学の司法試験受験団体や研究室、司法試験予備校で解説講義を受けたり、これらの教科書を通読するなどといった方法が一般的と思います。

また教科書に掲載されている判例は、各科目の判例百選に掲載されているものが多いです。教科書の通読の際に、判例百選で該当判例も読み、学習するという方法も通例でしょう。学習の中心は、前述の論点や判例が中心になっていきます。

どういった内容の論点や判例があるのか、どこが争点になっていて、どういう見解があるのか、その理解をしていくことになります。ここでも大切なのは、論理的思考です。

第2 司法試験の受験 総論

司法試験の受験内容は、新司法試験になってからも制度変更があったものの、現在は、短答式3科目（憲法、民法、刑法）、論文式8科目（憲法、行政法、民法、商法、民事訴訟法、刑法、刑事訴訟法、選択科目）で落ち着いています。

中日がありますが、全体で4日間の試験となり、体力、気力、集中力をキープさせられるかもポイントになります。

短答式試験について
―試験に求められる能力

新司法試験制度になった当初は、憲法、行政法、民法、商法、民事訴訟法、刑法、刑事訴訟法の7科目でした。その後、旧司法試験時代と同じ、憲法、刑法、民法の3科目へと変更になり、受験生の負担はだいぶ減りました。各科目、条文、判例の正確な知識を求められます。判例も判例百選掲載の受験界の「定番」といわれる判例はもちろん、試験実施年の重要判例解説からも出題されることもあります。論文では出ないような論点や条文、判例が聞かれることも多いです。短答では各科目の条文判例の正確な知識・学力を問うことを狙いとしているので、当然のことです。また、今は試験最終日が短答試験となっており、論文よりも短答の方が問われる知識は広く多いので、最終日に論文から短答に頭を切り替えること、短答の知識を最終日までキープしておく必要があります。

勉強方法

短答式試験は、条文や判例知識を問われます。全範囲を網羅するように、広く出題されます。勉強方法は、受験生それぞれですが、スタンダードなものとしては、条文と判例の勉強をすることだと思います。判例六法や判例百選のような判例集を読んだり、受験指導校が出している択一六法を使用したりするなどといった方法がありま
す。

あとは、過去問、受験指導校が出す問題集、肢別本、答練などを解いて実践力を養うことです。

司法試験の受験勉強について

〔論文式試験〕

―試験に求められる能力

法的な学力、思考力はもちろんですが、集中力、体力も必要と思います。休憩時間があるとはいえ、一番長い日で合計7時間の試験時間となります。しかし、大丈夫です。集中力、体力の点は論文答案を書く練習を重ねていけば、克服できます。問題を読み、検討し、答案構成をして、解答を書くという流れになりますが、全く余裕がない、時間が足りないというのがほとんどの受験生なのではないでしょうか。しかし、大半の受験生は同じ状況ですし、これも練習を重ねることで、合格点を取るにはどのような思考をして、どのような答案を書いていけばいいか、分かってくると思います。

勉強方法

司法試験は論文がヤマといわれるほど、論文は配点も高く、合否における重要性が最も高いものです。論文で合格点を取るには、各科目の基礎的な知識、論点、判例などをマスターしなければなりません。また、論文試験には論点抽出、問題提起→規範定立→あてはめ、法的三段論法などといった司法試験特有の考え方、書き方がありますこういったルールもマスターしなければなりません。

どうしたら司法試験の論文問題が解けるようになるか。これも受験生それぞれです。まずは、ロースクールの授業や定期試験で論文式の問題や解き方に触れることになると思います。

それ以外でいえば、研究者作成の論文試験に向けた事例教材や法律雑誌の論文問題の連載なども教材になると思います。また、新旧司法試験の過去問や受験指導校の問題集の解答例、答練などを行うことも勉強方法の例といえます。

ロースクールの仲間で自主ゼミを組んで、こういった教材をつかって、論文答案を作成して、検討し合ったり、司法試験の合格発表の時期であれば合格者に答案を見てもらったり、といったことをしている受験生も多いようです。おそらくロースクール生にとっては自主ゼミを組んで勉強するというのはメジャーな勉強方法だと思います。

●自主ゼミのメリット

自主ゼミのメリットは、たくさんあります。
①受験指導校のような費用がかからず、勉強ができる、
②自分が勉強したい科目、問題集を勉強する機会になる、

③ゼミを組むことで、1人ではさぼってしまう人でも勉強のペースメーカーの役割を果たす、
④自分の理解で間違っているところや他人の考え方を学べる、
⑤論文式のゼミでは、自分の論文答案の悪い癖、他の受験生のいいところなどが把握できる、
などいろいろあります。

自主ゼミは、同じテーマ、同じ問題で準備してくるので、議論も深まり、また、自分では気づかなかった自分の欠点、悪い癖（文章の表現が分かりにくい、読みにくいなど）を仲間が指摘してくれたり、逆に仲間の良いところを吸収できたりと使い方次第で、かなり実力が伸ばせます。

また、仲間が普段どういう点を意識して問題を読んで、答案を作成しているのかなど、意見交換するだけでも発見があります。

自主ゼミの組み方

自主ゼミは文字通り、自主的な集まりなので、その組み方は色々です。同じクラスのメンバーで組むこともあれば、クラスを跨いで組むこともあります。仲のいいメンバーで、自主ゼミを組むと決めて、ゼミで何を勉強するかを決める場合もあります。逆に、この科目、この問題集を勉強する、という風に先にテーマを決めて、メンバーを集める場合もあります。メンバー先行の場合は、何を勉強するか、メンバーそれぞれで違うので、多数決で決めたり、内容によっては、参加辞退が出たりします。テーマ先行の場合は、他のクラスなど親交の無かった中から参加希望者が現れるのもざらですし、ゼミに参加するために、共通の友人に口をきいてもらう、参加希望者が多すぎて、2グループに分割したりもします。また、ロースクールで仲良くしていた友人が、自分に声を掛けずに、他のメンバーと黙って自主ゼミを組んでいることが分かり、お互い気まずくなるなど、様々な人間模様が現れる面白い世界です。

●自主ゼミの実際

自主ゼミを組んで、みんなで合格というのが理想的な話ですが、そこは人間同士なかなかうまくいかないこともあるようです。
自主ゼミが失敗する例について話します。

まずは、第1に参加者の勉強の進捗レベルがバラバラです。つまり、ある程度の学習レベルが同じでないと、議論がかみ合いません。今までの流れでいえば、問題となる判例がどの判例集のどの判例かを分かっている、その判例の事案の内容や判決文の内容が分かっている同士であれば、ゼミの議論も白熱し、実のあるものとなるでしょう。

しかし、ロースクールの学年が下などで学習レベルが追い付いていないとお互いゼミの効率が下がってしまいます。できれば、学習レベルがある程度同じ人同士で組むのがいいと思います。

第2に、仲良しなのはいいが、結局雑談ばかりでゼミが進まない。これもよくあることです。同じ問題を解いて、みんなで答案を持ち寄ってみたが、問題の検討、議論に入るまでに、雑談が始まってしまい、1時間以上経ってしまった、というのもよくあることです。司法試験は問題を解き切る、論文試験なら、理由を端折ってでも結論まで書き切るというのが大切になってきます。

つまり自主ゼミで取り上げた問題、テーマは、自習以外では今後、二度と取り上げない問題、テーマだったりするのです。しっかり、自主ゼミで問題を解き切る、受験生のレベルで良いので、議論をやりきることを念頭にするべきです。

第3に、第2とも関連しますが、自主ゼミで細かいことに拘ってしまい、本題まで行かない、理解が深まらずに終わってしまうという失敗です。司法試験の問題となれば、1回の自主ゼミにおいても、登場する判例、論点は複数あります。その中で、問題のメインとなる判例、論点つまり配点が高そうなものと、そうではないものが混ざっています。

自主ゼミの失敗でよくあることは、メインではない、配点も低そうな点、メインにいく前の前提問題で議論が白熱したり、誰か1人がこだわったりして、ゼミが立ち往生するといったことがママあります。これでは効率の点で良いはずがありません。

受験勉強は時間との闘い、効率性がものをいうのは間違いありません。だからこそ、自主ゼミでは、毎回ここまでやる、この問題の解説の内容は全部ゼミで検討する、など目標を決めることが大切です。もし、分からないことが出てきてしまって、時間がオーバーしそうな場合はその部分は後回しにして、次のテーマに進む、といった割り切りも必要です。

実際に、自主ゼミを組んでみたものの、毎回1人が細かい部分に拘りメインのテーマまで進めないため、自主ゼミ解散となったというのはよくある話です。

自主ゼミの失敗とは

自主ゼミの失敗は最終的には、自主ゼミの解散にたどり着きます。では、解散したらどうなるかというと、そのまま終わりというわけではありません。

別のメンバーで自主ゼミを組む、解散したメンバーの内、一部のメンバーでひっそり再結集することもあります。

つまり、離合集散が激しいものなのです。自主ゼミをきっかけに仲良くなり、弁護士になってから事務所経営を共同で行うような場合もあれば、自主ゼミで不仲になってしまったりします。仲が良い同士で自主ゼミを始めたはずが、運営方針などが合わず、仲違いし、犬猿の仲になってしまったというのもよくある話なのです。もちろん自主ゼミで先に受かったメンバーが不合格のメンバーの受験指導をしてあげるなど、文字通り様々なドラマ模様があります。

●合格発表後の自主ゼミ

自主ゼミのメンバー内で不合格者の受験指導をする話が出ましたので、ここではその話をします。

自主ゼミメンバーの合否は気になるもので、合格発表後、自主ゼミで集まることは結構多いです。私はその自主ゼミで扱っていた科目の受験した司法試験の問題を取り上げて、復習するということをしていました。

これは、自主ゼミ内の合格者は再現答案を持ち寄って、不合格だったメンバーに受験当時どのように思考し、どうしてそのような内容の答案を書いたか解説するものです。

合格者としては、他のメンバーの合格者がどういった内容の答案を書いたか情報共有ができます。司法試験の結果発表後でお互いに点数が分かっているので、合格者同士でいえば、どの内容を書いたり、書かなかったりしたから、この点数になったのかが分かりますし、不合格者としては、合格者の再現答案が手に入るだけでなく、点数も教えてもらえます。

合格者の再現答案の中でも点数がいいものから順に、品定めができるわけです。また合格直後は、合格者が不合格者のために論文答案を見てあげるというボランティアも恒例行事です。自主ゼミの仲間の合格者が一番頼みやすいものです。そして、合格者のうち、成績がいいメンバー、すなわち誰にコーチを頼もうか、品定めもできてしまうというわけです。

現実的ではありますが、やはり様々な思惑、人間模様が垣間見られます。人間模様というか、どうしても受験、サバイバルなので、友情だけでは割り切れない打算が付いて回るのだと思います。

合格者に甘えてみよう

合格直後の合格者に教えてもらう、というのは2つの意味でチャンスです。

1つ目は、その年の合格者は最新の司法試験を合格している、つまり最もその時点の最新の司法試験事情に詳しい合格者です。受験というものは、いくら合格者であっても受験から年数がたってしまうと、問題傾向が変わるのはもちろん、勘といったものも鈍ってきます。だからこそ、最新の合格者の話を聞いたり、教えてもらったりすることは、とても貴重です。

2つ目は、合格直後は、合格者が不合格者や翌年以降受験を控える後輩のために、ゼミの講師を務めたり、論文答案を見てあげるというボランティアも快く引き受けてくれることが多いです。合格発表後の9月半ばから司法修習が始まる11月後半までの風物詩、恒例行事ともいえます。合格者がボランティアで引き受けてくれる理由は、同じ釜の飯を食った勉強仲間、お互い様というのもあります。

母校への恩返しという意味もあると思います。また本音をいえば、合格直後は、たいていの合格者は当然有頂天で気前もいいので、ボランティアでゼミの講師や論文答案の採点を買って出てくれるということもあります。

司法修習が始まるまでの2か月足らずの期間限定と旬も短いです。この旬を逃す手はありません。残念ながら不合格になってしまった受験生も翌年以降受験する下級生も、合格者がいたら、積極的に話してみるといいと思います。

どういう勉強法を取ったか、どういう教科書、問題集を使ったかといった相談から、具体的に司法試験過去問の論文答案を書いてみて、添削してもらうなど、恥ずかしいとか、頼みにくいとか言っていたら勿体ないです。遠慮なくお願いしてみましょう。

●受験指導校（司法試験予備校）との付き合い方

受験指導校（司法試験予備校、以下「予備校」といいます）との付き合い方も受験生同士で異なります。予備校をメインに、入門講座から答案練習会（通称答練。模擬試験のこと）まで受験勉強を予備校メインで利用する受験生もいます。

テキストや問題集は予備校の市販のものを使って、自習や自主ゼミで勉強する受験生、答練のみ利用する受験生、答練すら利用しない受験生と十人十色です。予備校の利用は費用も掛かるので、先輩や同級生の意見も参考にしながら、自分のスタイルを確立していけばいいと思います。

必ずしも、予備校に通わないと合格できないわけではありません。予備校のパンフレットを見ると司法試験合格者に対する予備校の利用率が90数パーセントと書いてあったりしますが、これは、あくまでその予備校の講座に1回でも受講したことがある受験生の数値だったりします。つまり、その予備校メインで勉強した受験生という意味ではないので注意が必要です。

司法試験予備校と大学受験予備校の違い

～受験生がテキストや問題を作っている？～

これは完全に個人的な意見ですが、司法試験予備校と大学受験までの予備校、塾とは別物と考えてもらった方がいいです。大手予備校でのバイト経験から得たものです。司法試験業界は独特なもので、司法試験受験生が、テキストや答練の問題、解説を作成していることが多いのです。もちろん最終的には講師である弁護士がチェックします（中には弁護士が全部やっているものもありますが）。大学受験の予備校で、同じ受験生が問題を作っているというのはまず考えられないでしょう。

先ほど触れた通り、司法試験受験の5月後から合格発表までの9月まで予備校で作問系のバイトをしていることが多いです。これを現役のロースクール生や不合格になった受験生がサポートに回ります。合格発表の2か月後には、司法修習が開始となり、予備校から合格者がほぼいなくなってしまいますので（修習に行かない人を除いて）、発表待ちの受験生が作問しており、必ずしも合格者が作問しているわけではありません。また、司法試験合格者といっても、経験を積んだ弁護士や大学教授と比べたら、まだまだのレベルだと思います。

ロースクール生の中には、予備校の答練や予備校が市販している論文問題集を教材に使いながらも、合格者の参考答案例はレベルが低くて使えないと批判している場合もまま見受けられるくらいなのです。

予備校をメインに利用して、上位合格する受験生もいますし、予備校を全く使わないで現役合格した受験生もいます。

予備校と自分との相性、使い方なのだと思います。

試験勉強と修習、弁護士実務の関係

試験勉強の方法やその内容については、受験指導校などから詳しい本が出ているので、それらに譲ります。

ここでは司法試験勉強が合格後の司法修習や弁護士の実務にどう役立つのか、といった観点からお話ししたいと思います。

●司法修習について

司法修習は、司法試験合格レベルの法的学力、素養を持っていることを前提に行われます。そのため、司法試験は短答試験、論文試験を通じて、当然修習、ひいては実務の際に求められる必要な最低限の学力、能力というのは当然といえるでしょう。

それだけでなく、集中力や体力の鍛錬という意味も大きいと思います。司法修習では、実務修習だけでなく、司法研修所で座学の起案などが行われます。2回の試験も試験内容は5科目（民事裁判、刑事裁判、検察、民事弁護、刑事弁護）の起案です。この起案は、主に白表紙という裁判記録を配布されて、その事案について解答するものですが、終日起案です。午前10時から午後4時頃まで、全員が集中して取り組むものです（適宜、昼休憩を取って良いことになっていますが、各自自席で昼を食べながら、白表紙を読み、検討している修習生が沢山います）。

それだけの集中力、体力が求められるので、司法試験の勉強や受験はその素地を作るものであり、貴重な経験といえると思います。

●弁護士実務との関係

自分が弁護士として相談を受けた場合に、何が争点、論点なのか、それに対する判例はあるのか、学説はあるのかなど、実際に自分が学習した成果が問われることが日常茶飯事です。たとえば、相談を受けた事案について、「あの判例と同じ争点だな、とすると今回の相談の場合、判例と同じ結論になるな」といったシンプルな場合もあれば、「今回は判例にはなかった事情が追加されているから、どういう結論になるんだろう？　依頼者には勝訴の見込みを何と説明しようか？」など実務ならではの苦労にぶつかります。

相談を受けて、何度も読み返したはずの基本書を改めて見返してみたら、争点に対する解説が載っていて、「こんな解説有ったたっけ？」と自分の記憶力の低下を嘆いたりと奥が深いものです。

弁護士になって、使う本について、少し触れたいと思います。弁護士になり、弁護士向け、つまりプロ向けの専門書や論文を読む場合もあります。しかし、自分が受験時代に使用していた基本書や他の学者の基本書を調べるといったことも日常茶飯事です。逆にいえば、それだけ、司法試験の受験勉強は実務に直結する内容なのです。そのため、基本書のコピーを裁判の証拠として提出することも多々あります。司法試験の受験勉強をしていたら、もう弁護士実務と隣り合わせと思ってもいいかもしれません。

インタビュー

草刈鋭市 × 編集者 大西強司

インタビュー
40年の弁護士活動を振り返えって

編集

編集 出身からお聞きします。少年時代までどのような経歴ですか。

K 私の生まれは福岡県福岡市で、何度かは近場で引っ越しをした経験はありますが、大学に入学するまでの19年間、福岡県福岡市で生活していました。地方の都市で、今でこそ福岡市は九州の中心ですが、私の少年時代は炭鉱の閉山や知事を社会党が出すなど政治的には革新的で、その意味でも貧しい所だったと思います。福岡市が急激に発展したのは、やはり昭和50年に新幹線が開通してからです。

編集　どのような少年時代でしたか。

K　自然が残っており、小さい頃から自転車を乗り回して、神社や海岸で暗くなるまで遊ぶ生活でした。小さいときは昆虫採りに夢中でしたし、少し大きくなってからは野球でしたね。空き地はたくさんありましたから、小学校から帰って、少年が数人集まれば、即、草野球でした。

編集　どのようなチームが好きでしたか。

K　まさに、王さん、長嶋さん、野村さんの全盛時代でした。しかし、私の家は福岡市ですからもっぱら西鉄ライオンズのファンで、肩を壊していましたが稲尾投手、中西監督、高倉選手などの黄金時代のスターが残っていました。それでも、

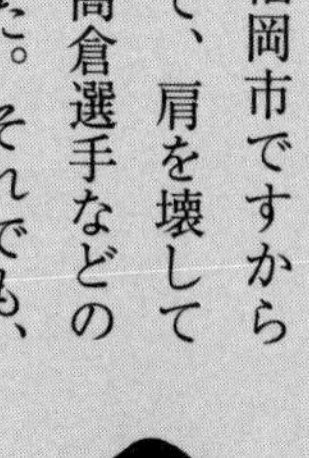

草刈鋭市

やはり巨人ファンが多かったですね。

編集 その後、地元の県立高校へ進学され、東大へと進みましたね。

K 勉強は中学に入ってからできるようになっていましたが、2歳上の兄が同じ高校に入っていましたので、そのマネをするようにして、その高校に入りました。私よりも上の世代では、その高校といえば「ラグビーが強い」というイメージをお持ちの方も多いようですが、確かに私の在学中の3年間は、ラグビー部は3回とも花園に出ていました。九州では大分舞鶴がライバルでした。今知っておられるのは、全日本の選手で順天堂医学部に入った福岡選手がいますし、私より4年上には、日本ラグビー協会の会長がいます。その方は明治大学のラグビー部、新日鐵釜石のキャプテン、監督を務めていました。

編集 スポーツが強い高校のようですが、勉強の方はどうだったのですか。

K 勉強はそこそこでしたが、福岡県の進学校というと修猷館高校を思い出す方が多いのですが、修猷館高校はいわゆる藩校で、私の卒業した高校はそこから出た分校という関係です。両校は九州大学の合格者数で競り合っていましたが、やはり兄貴分には勝てずに、万年2位のような状況で、その後、タモリさんの母校である筑紫丘高校に並ばれたというのが力関係ですね。

編集 その後は浪人して東大ですね。

K 東大を目指したものの、全く点数が足りなくて一浪し、市内の予備校に通って猛勉強して運良く東大に通りました。

編集 東大に入ったが勉強はしたのですか。

K 実は、東大のボート部に入り、練習に明け暮れていました。

編集 でも、司法試験の勉強はしたのでしょう。

K 1年次は法律は全く関係なし、2年次から憲法1部、民法1部、刑法1部が始まりますが、練習もあり、出たり出なかったりで、まともには勉強はしなかったですね。講義に出たのが6割くらいでしょうか。

編集 でも、それでは試験は受けられませんよね。

K そうなんです。2年秋からぼちぼち、憲法、民法、刑法の本を読み始めましたが、ボート部をやめてやっと自分の自由な大学生活が始まったかのような錯覚に陥り、2年の秋から3年秋は大学生としての自由な生活を満喫していました。受験生とは程遠い生活でした。ところが3年の冬になって、やはり学年末試験があり、一斉に憲法、民法、刑法の他に商法1部、民事訴訟法1部、刑事訴訟法等が開始されてとてもとても厳しいスケジュールとなり、講義についていくのが大変な状況になってしまいました。

編集 その後はどうなったんですか。

K 結局、5回目で丸4年かかったわけですね。4年次の短答式は落ち、1留年次の短答式で落ち、2留年次の短答式は合格したものの論文式で落ち、卒一次は短答、論文で合格したものの口述式で落ち、その翌年度は労働基準監督官に就職していまして、口述式合格で何とか通ったわけで、それが昭和55年の10月でしたね。何とも屈辱の4年間でしたが、色々得難いこともありました。

編集 そして、司法修習は山形で、終了後に在京の弁護士会に入会して、法律事務所に就職されたわけですね。どういう契機で。

K これも運ですが、監督官をしていた方が、事務所のボスがその専門分野の法律を分かっている者がいないかという話を聞いて、私を推薦してくれたわけです。当時、私は、検察から強い勧誘を受けており、ほぼ検察官にコースは決まっていましたが、少し、検察庁の姿勢に疑問を持っていた時期でもあったし、長年、学生時代を過ごした東京で生活できることが非常に魅力的に感じており、お世話になることにして、弁護士生活を始めることができたのです。

編集 その後、弁護士としてどのような目的を持ってやってきたのですか。

K 私は、目標を持って生きていきたいと思って弁護士生活を始めました。

編集 その目標とは何ですか。

K その就職した事務所は、特定の専門分野の執筆と講演の多い事務所でした。私も執筆の機会を与えていただけるということでしたので、自由に執筆できて、自分の本が出版できるのであればと、すごく魅力を感じて入所することを決め、1年目からかなり執筆も講演もさせてもらえるということで、たくさん本を出していこうと決めました。

編集 実際、出版された本は多いですね。何冊くらいありますか。

K 共著を含めると100冊を超えているかと思います。かなり、書かせていただきました。約40年間ですが、本だけではなく、雑誌の連載もあるので、少し事件や相談の時間が空けば原稿を書いていたという感じですね。最初の20年間は手書きで、その後はワープロ、パソコンを使用するようになって急速に冊数が伸びたと思います。

編集 業務としては労働法・労災問題関係が専門のようにお聞きしていますが。

K 必ずしも、そうではないです。種々雑多なものを取扱っていますが、労働法・労災問題の割合が多いのですが、広く、家事を含めた民事関係の訴訟が多いですね。

編集 どのような相談や事件が多いのですか。

K 相談は種々あります。40年を経過しましたので色々変わりましたが、労働法、労災問題でいえば、変わらないのは解雇事件ですね。

解雇、雇止めは常にありますし、業務の中心になっています。その他ですが、初めの頃は、賃金差別事件や定年延長に伴う労働条件の変更問題が中心だったですが、しばらくすると、じん肺訴訟事件で、炭鉱やトンネル現場での粉塵によるじん肺事件が多くなりました。これらは原告の患者の数も多くて150名くらいいるのが多く、多いときは、事務所で25件くらい受けていたと思います。それから、脳・心臓疾患による過労死事件が増加しました。その後は、セクハラ事件、精神疾患による過労自殺等の事件、パワハラ事件等が増加しました。結局労働事件というのは長いんですね。

編集 長いというとどのくらいですか。

K 解雇事件で、私のやったので1番長いのは、逆転で解雇無効を勝ち取った事件ですが、解決まで9年かかりました。その他、じん肺事件で、九州のじん肺訴訟事件で飯塚支部の一審、和解をした福岡高裁までで14年くらいかかりましたね。和解が成立して事件が終了した時に、傍聴していた元原告患者さんの奥さんから声を掛けられ、私の髪が真っ黒だったのにかなり白くなったということを指摘してもらいました。如何に長い間訴訟をやっていたか、その遺族の奥様がいつも傍聴に来られていたのかが分かりましたし、私が被告会社の代理人だと知っていながらそのような言葉を掛けてくださるということは、相手方の被告会社の代理人ではあっても嫌われていたわけではないことにほっとしました。

編集 その他、長い事件はありましたか。

K 私は事件が提訴されて12年後くらいに会社側の代理人に加わった賃金差別事件では、私が加わって8年後位にようやく一審で結審し、その後、和解して解決した事件があり、一審段階で実に20年くらいかかっていました。証人・本人の人証申請すれば大体採用されたようで原告本人が10人、原告側証人が3人くらい、会社側証人が15人くらいでしょうか。30人近く尋問が行われたと思います。今では考えられないですね。

編集 それだけ長いと、いろいろ問題があったでしょうね。

K 問題だらけで、当時は今のように1回の期日に数人の尋問をやるなんて事は考えられませんでした。重要な証人は、1回の期日2時間主尋問、2回目の期日が2時間反対尋問、さらに、再主尋問は2回目の期日にそのままやらずに次回(3回目)にもつれ込み、3回目に1時間をとって再主尋問をやると相手方がさらに再反対尋問をやり出して止まらずに1時間で終了せずに、その後昼休みの1時間を費やしてやっと終了したことがありました。1人の証人に実に6時間かけて聞いたということです。

編集 今では信じられないことですね。証人尋問は1回の期日に3、4人くらい一気にまとめてやるのが多いですよね。

K これは極端な例ですが、当時の労働事件ではそれ程珍しい扱いではなかったようです。

とにかく労働事件は、裁判所も心得ていて、双方が気が済むまでやりなさい、というような寛大な取り扱いが多かったような気がします。

編集 民事訴訟でその他に今と違う点はありますか。

K これは新民訴法が施行された2000年1月前のことですが、とにかく弁論手続は酷かったのです。朝は10時に開廷ですが、準備書面はその10時か、少し前の9時55分頃に持ってくるのです。従って、準備書面の相手方は、それを10時にその場で受け取り、殆ど読めないわけですし、裁判所も無論熟読はできませんが、それでもよいとして陳述扱いにするのです。今だったら、当日持って行ったら、当然相手方から文句を言われますし、裁判所も陳述扱いは認めません。それと、今の扱いと違うのは証拠の提出ですね。新民訴施行前は正に適時提出主義で、大体、弁論が終わって証拠調べに入り、証人尋問、本人尋問の当日に新しい証拠が出てくるのです。今は、弁論終結して証拠調べに入る前に証拠を提出しないといけない事になっており、不意打ち防止という観点から基本的には許されません。その場での証拠提出は、事情があって事前に出せない場合とか、当日出した証拠は弾劾証拠としての効果しかないとか扱われるはずです。ただし、今も当日提出する代理人もいますが、本来改めるべきですね。裁判所の訴訟指揮も甘いと思うことがよくあります。

編集 かなり民事訴訟手続も変わったんですね。少し話はそれましたが、その他、業務で特徴ある点はどういう事ですか。

K これも、いろんなところで言っていることですが、時間のあるときには、依頼者の話をゆっくり、じっくりと聞きなさいということですね。

編集 どういう趣旨でしょうか。あまり関係ないことを言われても時間のロスが多くて無駄に思えますが。

K いつもずっと聞きなさいといっている訳ではありません。ただ、一度は本人の言うことをゆっくり聞いてやりなさいということです。依頼者は自分の話を聞いて貰いたくて安くない相談料を支払って相談しに来ているわけであり、その意味では、一度は聞いてやってもよいのではないでしょうか。

本人を納得させるためだけではないです。その本人の話の中にも＋（プラス）になることは多いのです。我々弁護士は、その業務の利点として、他人の人生の経験を聞くことができるのです。一人の人生経験はその人のものであり、せいぜい家族くらいにしか享有はできませんが、我々弁護士は100人の依頼者がいれば経験できない100人の人生のエッセンス部分を聞くことができるわけです。無論、それは依頼者からうまく話を引き出すことができればということですが。依頼者の話を打ち切るということは、その可能性を自ら摘んでしまう事になります。

編集 なるほどとは思いますが、しかし、時間もあるし、ずっと付き合うのはどうかなと思います。

K 無論、限られた時間の中で対応するという限界はあると思いますね。私の言う趣旨は、毎回必ず長時間付き合いなさいという意味ではありません。しかし、一度、できれば会ってから早い機会にたっぷりと聞くのは意味があると思います。無論、依頼者のためですが、自分のためでもあるんです。

編集　どういうことですか。

K　先ほども少し言いましたが、貴重な話を聞くこともできるし、それが別の場面で役に立つことはたまにあるのです。特に、やはり教養があったり専門家の方の話は面白いし、役に立つことは多いですね。弁護士は、時間的にも裁判官や検察官とは違って、専門性を鍛えたり、専門的な勉強をする時間が少ないと思いますが、逆に多くの相談者・依頼者からたわいのない話かも知れないが、いろんな貴重な経験を聞くチャンスがあるのです。それを逃すのは損なのではないでしょうか。

編集　ところで、最近は最高裁判事の選任がかなり偏っているということを聞きましたが、どうしてでしょうか。

K　ここ3、4年、弁護士枠が特定の一つの会から独占される傾向があります。これまでは、概ね、東弁2、大阪弁1、第一東京一、第二東京1というバランスが長年とられてきたようですが、今は殆どが第一東京出身者が占めています。

編集 どういう理由からですか。

K 誰も分からないのですが、事実上の任命権者は内閣総理大臣ですから、その判断によることになりますね。

編集 そういえば、検事総長の定年延長という動きもありましたね。

K そうですね。検事総長の人選は検察庁に委ねるということでしたが、それについても内閣府が関与しようとする気配がありました。

編集 どうも、司法界の人選についても内閣が介入してくる傾向があるように見えてしまいますが。

K そのように見えてしまいます。

編集 話を戻します。弁護士登録後の業務以外のことについてお聞きしますが、委員会活動はやられましたか。

K はじめは派閥活動を1年間だけやりましたが、当時の派閥活動は若手や女性のことなど全く考えていない男性ばかりの年寄りの活動でした。ただし、その派閥の推薦で、日弁連、関東弁護士会連合会、単位会弁護士会の公害対策・環境保全委員会に入会できました。

編集 一度に3つの委員会に入ったということですが、どうでしたか。

K それぞれ、それなりの活動をしていますが、やはり、その中では日弁連の活動が魅力でしたね。特に。その委員会に入会後すぐに嬬恋村に農薬調査の調査に出かけることになり、一泊二日でしたけれども、現地調査のおもしろさに惹かれてしまいました。その他、関弁連でも、また、単位会でも活動してきました。

編集 もっとも記憶に残ったのはどういう活動ですか。

K やはり平成7年にダムの調査で12日間アメリカの西海岸の調査を行ったことです。アメリカ開墾局のビアード長官から日弁連が招待を受けて、12、3人でシアトルからサンフランシスコまで、アメリカ開墾局のチャーターしてくれたバスに乗ってアメリカのダム事情を見て回りましたが、非常に勉強になったし、楽しかったです。若いのであればもう一度行きたいですね。あれは40歳の頃ですね。この調査旅行で、アメリカは当時、種の保存法（エンデインジャード・

スピーシーズ・アクト）が施行されたばかりで、鮭が川を遡上するのを妨げる障害物としてダムや河口堰を捉え始めており、ダムを壊すような活動も始まっていました。

編集 なかなか貴重な話ですね。日本でも、そのようにはならなかったのですか。

K 一時期、当時の建設省の内部でも、河川管理、河川環境についての議論が高鳴ってきました。特に、当時、長良川河口堰問題が盛り上がっており、その関係もあって建設省内部でも環境の見直しの機運が出たのです。例えば、その当時の建設省の技官で関正和さんという方がいて当時「大地の川」、「天空の川」という2冊の本を書かれて、それがそれまでの建設省の河川管理から転換を促すような内容でした（その関さんは、2冊の本を書き上げてすぐにがんで死亡されてしまいました）。しかしながら、建設省内のその様な新しい機運も結局それも一時的なものであり、現在も基本的にはあまり変わっておりません。最近は、水害が多発しているせいもあり、球磨川上流の川辺川ダムについても一度凍結された計画が再燃しようとしています。

編集 その他の活動は如何ですか。

K 後は、これも日弁連になりますが、諫早湾干拓事業に関する調査ですね。これは平成9年、10年頃でしたが、かなり国民も関心を持った重要な事件で、日弁連もPTを作り、私も日弁連のプロジェクトチームの事務局長になって、現地の諫早に3回行き、短期間で厚い意見書を作成して、農水省や長崎県に執行しました。ご存じの通り、干拓は継続しており、諫早湾干潟という日本最大級の干潟は消滅してしまい、後は、莫大な規模の環境汚染の堤防が残ったということです。

編集 委員会活動ではあっても、かなり政治的な活動なのですね。

K 皆さん方は、日弁連や関弁連の活動など国や自治体は簡単に無視して、影響力が無く無意味であるかのように思っている方が多いと思いますが、そんなことはありません。長良川河口堰であれ、中海干拓事業であれ、諫早湾干拓事業であれ、日弁連が調査に行く、ヒアリングをする、意見書を出すといえば、各官庁は重く受け止めてかなり慎重に対応します。その意味では、私たちがやっていた活動は、たいしたものだと思っています。特に中海干拓事業は中止になりましたし、日弁連が策定した意見書が影響を与えた面もあると思っております。

編集 具体的な話はありますか。

K 長良川河口堰の調査で、平成8年頃ですが、名古屋市にある中部地方建設局の事務所へヒアリングに行きました。日弁連は数人で1時間程度のヒアリングでしたが、中部地方建設局では、大会議室に通されて、60~70人くらいの職員が、凄まじい量の資料を準備しており、とにかく、数人がそれぞれ配布された資料を必死で持ち帰らなければならないことがありました。如何に、建設省が日弁連を警戒していたかが分かりました。

編集 それでは話を変えて、弁護士とはどうするべきかとか弁護士会はどうあるべきかという点についてベテランの弁護士としてご意見はありませんか。

K 私より遙かに経験豊かな先輩の弁護士の先生を差し置いて僭越ですが、私なりに意見は持っています。

弁護士はどうあるべきかということは、一人ひとり、どうすべきかということはいえませんが、弁護士は自分のことはよく考えて自分で責任を持って決めていくということですね。弁護士の場合には、いろんな弁護士の形があるので逆に決めにくいのかもしれませんが、一度だけの弁護士人生で悔いの無いようによく考えて進んでいただきたいと思います。弁護士はいろんな生き方があります。どのような方向に進むのかは自分でよく考えるべきです。その点は友人とか先輩からいろんな情報を仕入れて、しかし悪質な情報も流布すると思われるので、それらに惑わされないように、よく自分で考えて欲しいと思います。

編集 その弁護士のための弁護士会についてはどうですか。

K 弁護士会は、弁護士が活動しやすくするための場を提供する存在だと思います。

これも誤解されたら困るんですが、私の所属している単位弁護士会は会員が６４００人くらいはいますが、会員の多くは弁護士会に関心が無く、また、義務的な場合を除いて、弁護士会にやってこない会員が多いと思います。これは、正直なところ弁護士会に魅力がない証拠です。とにかく、弁護士会に何度も来てもらう魅力ある弁護士会になるべきであると考えます。

編集 そのためにはどうしたらよいのですか。

K この点は、会員が自ら参画できるような場を設けることが必要かと思います。弁護士会には興味ないが、自分の好きな委員会活動にはのめり込んでいる会員もそれなりにはいると思うので、そのような方はそれでよいのですが、委員会活動も参加していなかったり、参加していても仕方なく参加しているにすぎず、興味を持っていない会員も多いと思うので、弁護士会に来ていただけるように工夫するべきだと思います。

編集 弁護士会の活動に関係ない会員には公益活動負担金として1年間で5万円の負担を課しています。これについては、どのように考えておられますか。

K 今、言われた公益活動負担金が、単位弁護士会では1年で9000万円も貯まっているんです。つまり公益活動をやらない会員が実に1800人もいるんです。6400人位の会員の実に28%です。これは由々しき事態であり、改善の対策は必要ですが、例えば、負担金を上げるべきという意見を言う方もいますが、逆ですね。不利益を与えることで、公益活動を行わせるという考え方には反対です。

編集 では、どうやったらよいですか。

K 何故、弁護士会にやってきて、たかがひと月1回あたりの委員会にも出席できないのか、さらにはWEB参加もできるのに参加しないのかを考えてみる必要があります。参加しても面白くないから、充実していないからに尽きるのではないでしょうか。1800名の方が支払っている現実を見れば、おもしろくなく、役にも立たない委員会活動に参加するよりも5万円支払う方がましだということでしょう。私は、公益活動というのは自主的にやるものであり、強制されてやるものではないと思っているので、寧ろ、公益活動負担金は廃止の方向で考えるべきであると思います。

編集 意外な方向ですね。廃止すると益々公益活動を行わなくなるのではないでしょうか。

K 私は、若い弁護士が参加したくないから参加しないということではないと思っています。おもしろくない、魅力が無いといいましたが、それでも少なくとも若い頃はみんな弁護士会の活動に興味は持っており、初めは面白くなくても何かしたい、やらなければならないと考えているはずです。つまり、面白くなくても彼らは彼らなりに関心はあるが、事務所の仕事をやらざるを得ないということで出席ができなくなる。一度抜けると次回は出席しづらくなるという悪循環になっているのではないかと思います。ですから、公益負担金を払えば、公益活動をしなくてよいという、安堵感、免罪符を与えることの方がマイナスになると思いますね。

編集 草刈さんの意見は分かりましたが、多数意見ではないようですね。

K ここは大事なところです。私は、多くの弁護士は所属する弁護士会の活動には関心を持っていると信じたいですね。初めの15年くらいは自分や所属事務所の仕事に埋没せざるを得ない場合でも、少し余裕ができ、自分の時間を如何に使うかを自分で決めることができきるようになれば、必ずや次第に弁護士会の活動、公益活動をやるようになるのではないかと思います。その時に道を拓いておけば良いのではないかと思いますね。

編集 よく分かりました。若手を信じようということですね。

K そうですね。後輩の弁護士を信じたいです。

以上

著者略歴

草刈　鋭市（くさかり　えいいち）（ペンネーム）

- 東京大学法学部公法学科　卒業
- 東京労働基準局に労働基準監督官として勤務
- 司法試験合格
- 司法研修所入所
- 同所　修了
- 弁護士登録
- 18年3月 法律事務所開設 現在に至る

弁護士をめざす君へ　弁護士になった君たちへ
ー理想の弁護士像を求めてー

2023年4月28日　初版発行

著　　者　草刈鋭市（ペンネーム）
発 行 人　大西強司
制　　作　とりい書房第二編集部・むくデザイン事務所
D T P　ピッコロハウス
カバーデザイン　井出敬子
発 行 元　とりい書房
〒164-0013　東京都中野区弥生町2–13–9
TEL 03-5351-5990
ホームページ　https://toriishobo.co.jp

印 刷 所　音羽印刷株式会社

ISBN978-4-86334-142-5
Printed in Japan